新潮文庫

「日本の伝統」の正体

藤井青銅著

まえがき　「これが日本の伝統」は、本当か？

日本人は「伝統」にめっぽう弱い。「日本では古くからそうです」と言われればなんとなくありがたく思い、すぐに信用する。さらに「これぞ日本人の心」と重ねられれば納得し、従わなければならない気がしてきます。

だが、待ってください。その「伝統」は本当に「古くからそう」なのか？　人は、ものごころついた時すでに世の中にあるものは、ずっと昔からあるに違いないと思いがちです。しかし、その人が知る世の中なんて、たかだか数十年です。実は比較的新しい時代に「発明」された「伝統」が、さも大昔から存在するかのように振る舞っている例は、多々あるのです。

いつ頃から続いていれば、「日本の伝統」でしょうか？

第二次世界大戦後の「戦後生まれ」では、まだまだ。これは誰もが納得します。では「明治以来」はどうでしょう？　二〇一八年は明治維新百五十年でした。企業や商家や一族の伝統ならば、百五十年も続いていれば誇っていいでしょう。しかし、「日本の伝統」「日本人の心」と言われると、ちょっと首を傾《かし》げます。だって、もうザンギリ頭に洋服なのですよ。実は、このあたりを起源にした「日本の伝統」は多い。少なくとも、ちょん髷《まげ》に着物の「江戸時代から」でしょう。けれど、ひとくちに江戸時代といっても、二百六十五年もあるのです。そのどこからなのか？「江戸時代から続いています」と誇っても、意外に近い幕末の可能性もあります。

その前の「室町時代」は、現代の日本人の美意識の原型ができた時期。さらにその前の「鎌倉時代」は質実剛健の元祖。その前の「平安時代」は和風の元祖。ここまで遡《さかのぼ》れるなら、堂々と「これが日本の伝統です。日本人の心です」と言ってもいいでしょう。

しかし人は、普通はそんな「歴史」など考えません。千年前でも百年前でも、同じ「昔から」。いえ、自分が生まれていなければ、三十年前だって「昔から」です。その心理を利用した「日本の伝統」は多い。なんとなれば、「伝統」を強調することで正統性をアピールでき、権威ができ、価値が増すからです。よって「日本の伝統」はビジネスになり、権威で人を従わせることもできるのです。

私たちには、その「伝統」が本当に古くから続いてきたものなのかを見極める、いわば「伝統リテラシー」が必要なのかもしれません。

「日本の伝統」はいつ、いかにして創《つく》られ、日本人はどのようにしてそれをありがたがり、受け入れてきたのか？ そこにいくつかのパターンがあることがわかりました。この本は、それをまとめています。

さあ、あなたもまずは「日本の伝統の正体」を知り、その上で尊敬するなり、笑い飛ばすなり、楽しむなりは、ご自由に。

藤井青銅

（注）
各項目の末に「伝統の年数」をつけている。

とはいえ伝統は、ほとんどが「ハッキリこの年から」とは断定できない。いつ始まったのかもそうだが、どのくらいの人が行うようになって「一般的」と言えるのかも難しい。

そこで、だいたいこのあたりではないか……と、概算で「約○○年」と計算してみた。二〇二〇年から振り返り、端数《はすう》は十年、五年の区切りで丸めている。参考的な年数とみてもらいたい。

「日本の伝統」の正体　目次

第二章　家庭の中の「伝統」

第六章　「外国」が「伝統」を創る

「日本の伝統」の正体

第一章　季節にすり寄る「伝統」

一年には「始まり」と「終わり」と「その間のさまざまな区切りの日」がある……というのは大昔から変わらない。さらに、日本には四季がある。「夏は暑く、冬は寒い」というのも、大昔から変わらない。「春には花が咲き、秋には実りがある」ああ、日本っていいなァ……。

ところが、この「日本には○○がある」という言い方はクセモノで、そんな国・地域はたくさんある（だいいち、季節がなかったら英語の「スプリング／サマー／オータム／ウインター」という言葉はなぜあるのか？）。

大昔から変わらない暦や季節に寄り添った「伝統」も、きっと大昔から変わらずにあるのだろう——と人は思いがちだ。だが、そうとは限らない。

日本人はいつから初詣《はつもうで》をしているのか？

旧暦でも新暦でも、「一年のはじめ」は必ずある。そして、神社仏閣も古くからある。だから、一年のはじめに初詣をするという伝統も古くからあると思うのは、ごく自然な感情だ。

ところがそうではない。先に答えを書いてしまうが、江戸時代に「初詣」はないという。え？　時代劇で初詣シーンは何度も見たことがある。じゃ、あれはなんだったのか？

初詣はなかったが、「初詣に似た伝統」なら古くからあった。「年籠《としごも》り」と「初縁日」と「恵方《えほう》詣《まい》り」だ。

「年籠り」は、大晦日《おおみそか》から寺社に籠って元日を迎えること。「二年参り」とも言う。が、どう考えても手間がかかる。やがてこの後半部分が独立して「初詣」の原型になるのだろう。

「初縁日」は、年が明けてはじめての縁日に参詣《さんけい》すること。縁日は寺社によって日付が違い、それぞれに由来がある。初天神、初不動、初大師などと呼ばれるのがそれだ。日付にも干支《えと》を振っているので、「卯《う》」の日を縁日とする「初卯詣」もある。発音的にはかなり惜しい！……のだが「初詣」ではない。

「恵方詣り」は、自分が住んでいる場所から、その年の恵方にある寺社に参詣すること。恵方はその年の縁起のいい方角で、近年「恵方巻」で急に有名になった（42ページで触れます）。毎年を、十干《じっかん》――甲《こう》・乙《おつ》・丙《へい》・丁《てい》・戊《ぼ》・己《き》・庚《こう》・辛《しん》・壬《じん》・癸《き》に割り振って決まる。

①甲の年（西暦の下一桁《けた》が四）と、己の年（同九）……恵方は「東北東やや東」
②乙の年（西暦の下一桁が五）と、庚の年（同〇）……恵方は「西南西やや西」
③丙の年（西暦の下一桁が六）と、辛の年（同一）……恵方は「南南東やや南」
④丁の年（西暦の下一桁が七）と、壬の年（同二）……恵方は「北北西やや北」
⑤戊の年（西暦の下一桁が八）と、癸の年（同三）……恵方は「南南東やや南」

読者はたぶん読み飛ばしているだろうが、よく見れば③と⑤の方角は同じだ。十年で東西南北の四方向を回すのだから、当然そうなる。「南南東やや南」は、お得なのだ。

「恵方詣り」は、陰陽道《おんみょうどう》から来ている。室町初期の『師守記《もろもりき》』（一三六三年の記述）には、その言葉がある。最初は立春に行われていたが、次第に正月に行われるようになった。江戸時代後期には、庶民の間でも盛んになった。が、それはあくまで「恵方詣り」。方角が大事なのだ。いま行われている初詣には、方角なんて関係ない。

これは私の個人的な思い出だが、大学生になって東京で暮らし始めた時、「川崎大師と成田不動への初詣は、なんでこんなに盛大なのか？」と疑問に思った。「都心にある明治神宮や浅草寺でなく、なぜ遠くへ？」「郊外の有名な寺社は他にもあるのに、どうして川崎と成田だけが突出しているのか？」と。

理由は方角だった。東京（江戸）から見て、成田不動は①の恵方、川崎大師は③⑤の恵方に当たっていたのだ（地図では微妙に方角が違って見えるが、当時はそう言われていた）。

両寺への参詣は江戸時代から盛んだった。信心もあるが、郊外への行楽だったのだ。そこへ明治になって鉄道ができた。新橋―横浜間に日本初の鉄道が開通したのは、明治五年（一八七二）だ。その途中に川崎があるではないか！

川崎大師の縁日は二十一日。なので「初大師」の一月二十一日には多くの参拝客が鉄道に乗ってやって来るようになる。明治三十七年（一九〇四）に並行して走る私鉄の京浜電鉄ができ、両鉄道の集客合戦が盛んになった。京浜電鉄は、恵方が③⑤の年には、沿線の羽田穴守稲荷《あなもりいなり》、鶴見總持寺《つるみそうじじ》も合わせて、

《新春の恵方詣り　大師、穴守、總持寺　京浜電車》

と新聞で宣伝し、集客に努めた。

同様に、成田と東京をつなぐ総武鉄道（現在のJR総武本線）と京成電軌（現在の京成電鉄）による集客合戦で、①の恵方である成田への参詣が盛んになったという（『鉄道が変えた社寺参詣』平山昇）。

なるほど。その名残で、今も川崎大師と成田不動が人気なのか……と納得した。とはいえ、鉄道敷設《ふせつ》において寺社参詣は重要な要素。東京郊外で他の恵方②や④にあたる有力寺社もあり、そこへの路線もある。そっちはあんまり宣伝・集客に励まなかったのだろうか？

同じ現象は、関西でも起きていた。いや、有名寺社が多い関西のほうが寺社参詣鉄道の本場なのだ。さらに、大阪・京都と「恵方を決める起点」が二ヵ所ある。なので、

鉄道会社ごとに、年ごとに、石清水八幡《いわしみずはちまん》宮、伏見稲荷、住吉大社、西宮神社……と恵方詣りの宣伝合戦。もはや方角はよくわからなくなっている。もっとも、関西では恵方詣りは節分に行っていたから、これは正月ではない（これが、恵方巻に関係してくる）。ところがここに問題があった。恵方は五年に一回しか巡って来ないのだ（③⑤の方角だけは二回だが）。しかし鉄道会社も寺社も、毎年安定的にお客さんに来てもらいたい。

そこで登場したのが「初詣」だ。イメージとしては「年籠り」と「初縁日」と「恵方詣り」を合わせたようなものだろう。初出は明治十八年（一八八五）の東京日日新聞で、川崎大師について触れたもののようだが、頻繁に使われるようになったのは明治三十年代になる。

かくして各鉄道会社は、恵方に当たる年には、

《恵方詣りは○○へ》

と宣伝をし、そうでない年には、

《初詣は○○へ》

という宣伝をするようになる。そのうちにだんだん「恵方詣り」のほうが消えてしまい、恵方に当たる年であっても、ことさらそれを言わなくなる。こうして、新しい

伝統の「初詣」だけが生き残ったのだ。

もはや、大晦日から夜通し籠らなくてもいい、寺社ごとに違う縁日の日付も関係ない、その年の恵方も考えなくていい。ただ正月の好きな日に、どこでも好きな寺社に、ふらっと参ればいいのだから、簡単だ。いろんな条件を取っ払ってしまったので、「初詣」は誰でも参加できる行事になったのだ。

当時の新産業である鉄道会社と新聞社による宣伝・営業努力がなければ、初詣は新しい伝統として定着しなかったかもしれない。

正月の「恵方詣り」は、約六百五十年（ただし「初詣」と入れ替わりに廃《すた》れる）。

電車に乗る「恵方詣り」は、約百四十五年（ただし「初詣」と入れ替わりに廃れる）。

「初詣」は、約百三十年。

正月は「伝統」を作りやすい

「初詣」が新しい伝統ならば、正月の他の「伝統」はどうなのだろうか？


「初日の出」

太陽崇拝はどこの民族でも古くからある。その年最初の日の出を拝む伝統だって、古くからあっても不思議ではない。

平安初期からの、天皇の「四方拝」（元日の寅《とら》の刻、清涼殿東庭にて天地四方を拝む）が起源だとする説がある。ならば、相当古い伝統だ。しかしこれは、太陽が昇る東ではなく、東西南北を拝んだ。それに、平安時代は定時法らしいので、寅の刻は午前三時~五時。旧暦の元日、京都の日の出は七時頃だ。これではちょっと、昇る朝日は拝めそうもない。

この行事は道教と陰陽道の影響だと言われている。ともに北辰《ほくしん》信仰（北極星と、それに付随する北斗七星への信仰）だ。中国では、長江流域の南部は太陽の信仰、黄河流域の北部は星の信仰が強いと言われる。日本の朝廷がお手本にした中国王朝は華北にあったので、その影響だろう。

『日本書紀』には、八月に皇極天皇が四方拝で雨乞《あまご》いを行ったという記述もあるから、どうやらこれは、太陽も元日も関係なさそうだ。

なにも無理に朝廷行事につなげなくても、単純素朴な太陽崇拝だと考えればいいのではないか？　が、伝統というものは、朝廷に淵源《えんげん》を求めたがるものなのだ（のちに、明治政府はここから道教的要素を排除して、「四方節」とした）。

江戸時代、安永の俳諧《はいかい》本には「初日の出」の記述がある（一七八〇年）。ほぼその頃の浮世絵師・栄松斎長喜《えいしょうさいちょうき》に「初日の出」（一七九〇年代？）がある。四方拝に淵源を求めなくても、江戸時代中期には行われていたようだ。後期になると名所もでき、歌川広重には「江戸名所　洲崎《すさき》はつ日の出」がある。

わざわざ遠くの海や山まで出かけるのは、もちろん交通機関が発達した明治以降だろうが。

「重箱のおせち」

節会《せちえ》（祝いの日）の料理だから「お節料理」。本来、正月だけなく、端午の節句（五月五日)、重陽《ちょうよう》の節句(九月九日)など、祝いの席の料理だ。これは奈良時代からある。やがて、その中の正月だけをさして「おせち」と言うようになった。

重箱は室町時代からあるが、一般庶民に広まったのは江戸時代。さらに、正月のおせちを重箱に詰めるようになったのは、幕末から明治。完全に定着したのは、戦後、デパートの販売戦略によるという。

だから、「おせち」は古い伝統だが、「重箱のおせち」はかなり新しい伝統なのだ。まさに重箱の隅をつついたような指摘で申し訳ないが。

よく、「祝いを重ねるという意味で重箱なんです」とか、「正式なおせちは、四段の重箱です。三は完全な数。それにもう一段つけ加えることで最上級を表しています」「一の重には口取り、二の重には焼き物……」などと重々しく由来やしきたりを語るが、そういうのはすべて明治以降に考えられたものというわけか。

「春の海」

正月になると必ず流れる名曲だ。日本に古くからある伝統的な正月の曲……と思う方もいるかもしれない。箏《こと》と尺八という和楽器(ともに、奈良時代には中国から伝わっている)を使っているし、と。

しかし、宮城道雄作曲ということも有名なので、明治以降だろうとは想像できる。よく聞けば、西洋音楽的要素も感じられるし。

宮城道雄は明治二十七年（一八九四）生まれ。ということは、この曲は明治の後半か？……と思ったら、違った。その次の大正……でもなく、さらに次の昭和四年（一九二九）末に作られた。予想以上に新しい。

宮城は戦後の昭和三十一年（一九五六）まで生きている。本人が箏を演奏した音源も残っている。

「箱根駅伝」

日本の伝統を語るのに箱根駅伝を持ち出すとはいかがなものか？……という指摘はわかる。が、いまやすっかり日本のお正月風景となっているこのイベントがいかにして定着したかを知ると、伝統の出来上がり方が見えてくる。

箱根駅伝（東京箱根間往復大学駅伝競走）の第一回は、大正九年（一九二〇）に実施された。なんと、先に触れた「春の海」よりこっちのほうが古いのだ！　もっとも、第一回は二月に実施されたので、正月とは関係ないが。

その後、一月四日〜十三日の間で毎年のように実施日程が変わった。現在の一月二日・三日になるのは、第三十一回大会（昭和三十年・一九五五）から。しかし、年配の方はご存知のはずだ。たしかに箱根駅伝は正月のスポーツとして伝統があり有名だったが、今ほど国民的関心事ではなかった、と。

実は、箱根駅伝における重要な年は昭和六十二年（一九八七）だと見ている。この年から、日本テレビが中継を始めたのだ。若い方は、「え？　昔から日テレが中継してたんじゃないのか？」と驚くかもしれない。まあ、三十歳以下なら、生まれた時からテレビで放送しているので、以前からそうだと思っても不思議はない。

それまで、箱根駅伝はおもにNHKラジオが中継する、有名ではあるが地味な大会だった。あまりに長時間なので、番組編成上も、中継技術上も、問題があった。

が、日本テレビでやったこの放送が高い視聴率を稼いだのだ。数字が取れるとわかると、テレビ局はさらに力を入れる。毎年正月にテレビで全国に中継される効果は大きい。しかも二日にわたってだ。かくしてあっという間に、箱根駅伝は全国の人が認知する「日本の正月の伝統的風景」となった。

同時に、「関東の大学連盟によるローカル大会にすぎないのに、なぜ全国規模の大会のように扱うのか？」という批判も生まれることになる。

以上あげたそれぞれから、「伝統形成」のパターンがわかる。

「朝廷行事に起源を求める」……やはり、伝統は権威につながりを求めるものなのだ。公家《くげ》行事、やがて幕府行事でも同様な効果が生まれる。

「商売と結びつく」……ミもフタもない話だが、それによって利益を得る人々がいなければ続かない。なので、伝統にならない。後述するが、デパートの役割は大きい。正月に関しては「福袋」もそうだ。

「古くから存在するものを使う」……使われる小道具が古いと、全体も古く思える。道具だけでなく、言葉もそう。いかにも古そうな言葉を使ったネーミングは大事なのだ。伝統は、つねに過去に遡《さかのぼ》ろうとする習性を持つ。

「メディアと結びつく」……「初詣」は当時の新聞が広めたように、新聞、出版、テレビの役割が大きい。もちろん、メディアの商売とも結びついているわけだが。

こうしたパターンは、他にもさまざまな伝統でちょくちょく顔を出す。単独ではなく、いくつかが組み合わさることで、次第に堂々とした「伝統感」ができていく。


初日の出を拝むのは、約二百四十年。

重箱のおせちは、約百五十年。

「春の海」は、約九十年。
箱根駅伝は、約百年。
正月の箱根駅伝は、約六十五年。
日本テレビが中継する箱根駅伝は、約三十年。

大安や仏滅は禁止？

先勝（せんしょう・さきがち　など）……午前は吉、午後が凶。
友引（ともびき）……朝が吉、昼だけが凶で、午後も吉。
先負（せんぷ・さきまけ　など）……午前は凶、午後が吉。
仏滅（ぶつめつ）……一日中が凶。
大安（たいあん）……一日中が吉。
赤口（しゃっこう・しゃっく　など）……朝が凶、昼だけが吉で、午後も凶。

全部で六つあるので「六曜」と呼ぶ。時に、カレンダーに書かれている。六つがこの順番で繰り返しているのであんまり意味がないような気がするが、ある日突然、順番が変化することもある。理由は、「旧暦の毎月一日はこれ」と決められているからで、それを知ればやっぱり、ただ順番に繰り返しているだけということがわかる。吉とか凶とかいっていることからわかるように、単に占い・迷信の類《たぐい》で、科学的根拠などない。だいたい「午前が吉で、午後が凶」なんて、占いとしてもザックリしすぎている。それに「仏滅」など、その文字からして仏教に関するものなのに、神前結婚式（56ページで触れます）や、キリスト教会でのウェディングで「縁起が悪い」と嫌がるのは、まるで関係ない話だ。

もともとは中国生まれの占いだ。日本に伝わってきたのは、室町時代はじめだと言われている。初期は六つの呼び名も違い、

「大安、留連《りゅうれん》、速喜《そくき》、赤口、将吉《しょうきつ》、空亡《くうぼう》」

江戸時代の寛政年間には、

「泰安《たいあん》、流連《りゅうれん》、則吉《そっきち》、赤口、周吉《しゅうきち》、虚亡《きょぼう》」

天保年間にようやく、

「先勝、友引、先負、仏滅、大安、赤口」

という現在の名前と順番になった。仏滅は、ここから始まるのか……。

幕末には暦につけられ、流行した。

明治五年（一八七二）に、旧暦から新暦に移った。この時政府は、迷信入りの暦を禁止した。福沢諭吉は『改暦弁』（一八七三年）を書いており、そこでは、

《これまでの暦にはつまらぬ吉凶を記し、（略）迷の種を多く増し、或《あるい》は婚礼の日限を延し、或は転宅の時を縮め、或は旅立の日に後れて河止に逢《あ》ふもあり。或は暑中に葬礼の日を延して死人の腐敗するもあり》

とケチョンケチョンに六曜をけなしている。「こんなものは日本の伝統」でもなんでもない、と正式に禁止されていたのだ。そして実際に、正式の暦からは消えた。

しかしまあ、庶民としては旧暦が必要な場合もある。そこで高島易断などで、旧暦と合わせて六曜も生き残った。

戦後、政府の縛りもなくなったので復活している。もちろん、迷信であることに変わりはない。

六曜が日本に伝わって、約六百八十年。
現在の名前と順番になって、約百八十年。
禁止されて、約百四十五年。
復活して、約七十五年。

お中元・お歳暮・七五三に共通するもの

「お世話になったあの方に……」

と、CMでさんざん見るお中元・お歳暮も、そう古い伝統ではない。

中元というくらいだから上元と下元もありそうだ。実際にある。

上元（一月十五日）

中元（七月十五日）

下元（十月十五日）

……これを三元という。麻雀《マージャン》とは関係ない。中国の道教の教えだ。中元の意味は「罪を赦《ゆる》す日」。贈答とは関係ない。

これに、同じ日付の、仏教の盂蘭盆会《うらぼんえ》、つまり「お盆」がくっついた。これは現代の我々もよく知っている。祖先を供養《くよう》する日だ。そこには「祖先への供物」というものがある。これが、贈り物の起源になったようだ。

しかし、祖先ではなく、お世話になった人への贈り物をするようになったのは、江戸時代に入ってから。一般的になったのは明治三十年代と言われる。

一方のお歳暮に至っては、道教にもこんな言葉はない。だって、言葉は単に「歳《とし》の暮れ」といっているだけだし。これも、ほぼお中元と同じ広がり方をする。お世話になった人への贈り物をするようになったのは江戸時代から。一般的になったのは明治三十年代。


子供の成長を祝うのは、いつの時代でもあることだ。三歳で髪を剃《そ》ることをやめて伸ばし始める「髪置きの儀」や、皇室で五歳の子に袴《はかま》をはかせる「着袴《ちゃっこ》の儀」などが源流だろう。が、「七五三」として、十一月十五日に祝うようになったのは、かなり新しい。

犬公方《いぬくぼう》で有名な五代将軍・徳川綱吉が、嫡男《ちゃくなん》・徳松の健康を願った祝いを天和元年（一六八一）十一月十五日に行ったから——という説が有力だ。徳松、この時三歳。誕生日がこの日だから……というわけではない。中国の天文・占星術で二十八宿というのがある。十一月十五日は「鬼宿日」と呼ばれ、万事に吉の日だからと言われる。

しかし、そんな願いもむなしく、徳松はたった五歳で亡《な》くなっている。七五三の元祖は短命だったのだ。綱吉にはその後、跡継ぎが生まれない。そこで「子供ができないのは前世で殺生《せっしょう》を繰り返したせい」と言われ、とった政策が「生類憐《しょうるいあわれ》みの令」……と物語では言われている。真偽はわからないが、気持ちはわかる。

まあ、それはともかれ、これ以降、江戸の裕福な商家や町人も七五三を行うようになり、元禄《げんろく》年間には定着したと言われる。最初から二十年くらいだから、かなり早い定着だ。すると、どこにでも目端の利《き》く人はいるもので、その頃浅草の七兵衛という飴《あめ》売りが売り出したのが「千歳飴《ちとせあめ》」なのだ。

しかし実は七五三というのは、しょせん関東ローカルな風習だった。一般的になったのは、明治三十年代に入ってから。関西ではもっと遅いという。

なぜ、どれもこれも「一般的になったのは、明治三十年代に入ってから」なのか？

明治三十七年（一九〇四）、日本で最初のデパート・三越ができている。そこから、東京大阪を中心に、色々なデパートがどんどんできた。お中元・お歳暮・そしてこの七五三も、デパートが盛り上げることで、全国で一般的になった。そういう「伝統」は、結構多い。

お中元は、約四百年。

お歳暮は、約四百年。
七五三は、約三百四十年。
すべて一般的になって（デパートができて）、約百十五年。

夏の鰻《うなぎ》はいつからか？

二十四節気は陰暦とは別。太陽の運行によるもので、立春、立夏、立秋、立冬がある。それぞれの直前十八日間を「土用」という。ということはつまり、春夏秋冬のすべてに土用があるわけだ。その中で有名なのが「夏の土用」だ。そして、「土用の丑《うし》の日の鰻」だ。

これは、江戸時代の平賀源内の名前とともに憶《おぼ》えている方が多いだろう。だいたい、こんな話だ。

ある鰻屋が、源内のもとを訪れ、

「夏は暑いので鰻が売れないんです。源内さん、なんかいい知恵はないですか？」

と相談。すると源内、

「本日丑の日と張り紙を出せばいい」

と答えた。やってみるとその店は大繁盛《だいはんじょう》。もともと、丑の日にはうどん、瓜《うり》など、「う」のつく食べ物を食べると夏バテしないという風習があったからだ。

以来、他の鰻屋もこれを行うようになり、やがて夏バテ防止に「土用の丑の日の鰻」という伝統ができた。

……というもの。最初に「だいたいこんな話だ」と曖昧《あいまい》な書き方をしたのには理由がある。これ、元の文献がないのだ。

「土用の丑の日の鰻」は、源内説の他に、鰻屋の春木屋善兵衛説、狂歌師であり戯作《げさく》者《しゃ》の大田《おおた》南畝《なんぽ》説……と諸説ある。鰻だけに、とらえどころがない。エレキテルや火《か》浣布《かんぷ》で有名、戯作もすれば、油絵も描く、現代のコピーライターみたいなこともする……という万能の天才・源内なら、こういうことをやったのではないかという思い入れで、広まっているようだ。

しかし、「夏に鰻」という先行文献は別にある。しかも、源内の時代よりはるかに昔の『万葉集』。これを編んだと言われる大伴家持《おおとものやかもち》だ。あだ名を石麻呂《いわまろ》という痩《や》せた老翁《ろうおう》がいた。それをからかって、家持が詠《よ》んだ。

「石麻呂に吾物申す夏痩せに良しといふ物ぞ鰻漁《むなぎと》り食《め》せ」

夏痩せには鰻がいいらしいから、石麻呂さん、漁ってきて食べなさいよ……ということだ。夏バテには鰻だと言っているが、土用の丑の日ではない。さらに言うと、蒲《かば》焼《やき》でもない。その名のとおり、この頃は蒲《がま》の穂のようにぶつ切りにしていたのだ。まだ鰻を開いてないし、醬油《しょうゆ》も発明されていない。

現在のように開く「蒲焼」になったのは一七〇〇年ごろというから、源内の時代のほんの数十年前だ。しかも、最初は味噌《みそ》などを使って食べていた。醬油を使うのは、ようやく源内の頃に始まったかどうか……。そうか、蒲焼は当時の新しい料理だったのか。

さらに鰻丼《うなどん》ができたのはもっと新しく、天保の頃。焼いた鰻が冷めないよう、ご飯の間に挟んだのが始まりとか。大久保今助という人が「鰻丼をはじめて作らせた男」ということになっている。ということは、源内の時は鰻丼ではなかったのか……。

ところで、もともと鰻は冬のほうが栄養がある。夏は味が落ち、かつ暑いので売れない。だから夏の販売促進策としてできたのが「土用の丑の日」なのだ。最初に書いたように、土用は四季ごとにある。本当は冬の土用の丑の日のほうがおいしいのだが、日本人は伝統的に、夏の土用に鰻を食べ続けている。

大伴家持が「夏に鰻を食べろ」といって、約千二百六十年。

開いて焼く蒲焼ができて、約三百二十年。
土用の丑の日の鰻が始まって、約二百四十年。
鰻丼ができて、約百九十年。
（鰻の養殖が始まって、約百四十年）

恵方巻のもやもや感

「初詣」の項で、「恵方」については述べた。四つの縁起のいい方角を、十干（十年）で回すあれだ。もともとは陰陽道。恵方という言葉は『蜻蛉《かげろう》日記』（九七四年頃）にも出てくるから、古い。

寺社への「恵方詣り」の項で、「関西では節分に行っていた」とも書いた。だから、「関西では節分に恵方を向いて太巻きを食べる（無言で）」という風習があっても、不思議ではない。（無言で）というのが、ちょっと不思議だが。

けれど、関西育ちの方がみんな、

「そうそう。子供の頃からやっていた！」

とならないところが、この「伝統」のもやもやしたところとなっている。関西育ちでも、「やっていた」という人もいれば、「最近はじめて知った」という人もいる。関東をはじめ、関西以外の地域では、ほとんどが「最近はじめて知った」だ。

とりあえず、関西ローカルな風習であったことは確かだろう。が、地方の風習が全国レベルに昇格し、日本全体の伝統になっていくのは珍しいことではない。「七五三」だってそうだった。

多くの人がなんとなく「恵方巻」にもやもやするのは、

「節分には、すでに豆まきがあるじゃないか」

ということではないか？　同じ記念日に、出自の違う儀式が二つあると、ややこしい。それに、いかに大阪発祥とはいえ、

「ちょっと商売っ気が前面に出すぎてないか？」

もある。さらに、どう考えてもあんなものを一本丸々食べるのは無理がある。その無理なところを見て楽しむ船場の旦那衆《だんな》の「花街の遊び」が発祥という説もチラつき、

「どことなく後ろめたい……」

というマイナス心理もありそうだ。上方落語に「遊山船《ゆさんぶね》」という噺《はなし》があって、そこに花街での太巻きネタが出てくる。だからといって古くからの風習とは限らない。このくすぐりがいつの時代に入れられたのか、わからないからだ。

そう。なんといっても、これだ。

「いったい、いつからそんなことをやっていたのか？」

昭和七年(一九三二)の大阪鮓《すし》商組合後援会が発行した《巻寿司《まきずし》と福の神》という宣伝チラシには、こう書かれている。

《節分の日に丸かぶり

この流行は古くから花柳界にもて囃《はや》されていました。

それが最近一般的に宣伝して年越には必ず豆を年齢の数だけ食べるように巻寿司が食べられています。

これは節分の日に限るものでその年の恵方に向いて無言で一本の巻き寿司を丸かぶりすればその年は幸運に恵まれるという事であります。

宣伝せずとも誰言うともなしにはやってきた事を考えると矢張り一概に迷信として軽々しく看過すべきではない》

宣伝せずとも……といいながら、そもそもこれが宣伝チラシなのがオカシイ。稚拙な文章ゆえに商売のホンネが透けて見え、微笑《ほほえ》ましくすらある。関西で反応がまばらなのは、この「花柳界での流行」という由来のせいだろう。そんな世界に関係ない人にとっては馴染《なじ》みがなくて当然だ。「古くから」という言い方も、漠然としている。それに、この時点ではまだ「幸運巻寿司」という名前だ。

同じ組合が昭和十五年(一九四〇)に発行したチラシには、

《巳《み》の日に巳寿司と言うてお寿司を喰べるように毎年節分の日にその年の恵方に向かって巻寿司の丸かぶりをすると大変幸運に恵まれるという習わしが昔から行事の一つとなって年々盛んになっています》

とある。巳寿司というのは、京都で巳の日に寿司を食べるという風習。「花柳界」が消え、「京都」が入る。伝統においては「京都マジック」（第三章で触れます）があるので、賢明な判断だろう。同じ「寿司」で、イメージも寄せてきている。ここでも「昔から」だ。とはいえ、巻寿司の誕生は江戸時代中期と言われている（意外に新しい！）。なので、それ以上は遡れないが。

戦後になって、ここに海苔《のり》組合も参入した。大阪海苔協同組合は昭和二十六年（一九五二）にできるのだが、結成と同時に「巻きずしの丸かぶりの宣伝を行い、大きな成果をおさめた」とある。一九七〇年代に入ると一気呵成《いっきかせい》だ。「恵方に向って無言で家族そろって巻き寿司を丸かぶり」というチラシを作ったり、節分に道頓堀《どうとんぼり》で「巻ずしの丸かぶり早食い競争」も行った。この七〇年代攻勢には内部要因と外部要因があった、と私は見ている。

内部要因は海苔だ。実はこのころまで、海苔の国内生産は需要に追い付かず、ずっと韓国産を輸入していた。しかし、七〇年代後半から国内産でまかなえるようになり、さらに余り出すことが見えてきた。そこで、海苔の需要を増やそうとしてのことだという。そうか、海苔の余剰問題もからんでいたのか！　そりゃ、商売っ気が前面に出るのもいたしかたない。

大阪での手ごたえをひっさげ、昭和五十年（一九七五）には東京でも同じような普及キャンペーンをやってみたが、「まったく受けなかった」と主催者は語っている（外部要因については、次項で触れます）。

昭和五十七年（一九八二）刊行、小林信彦の『唐獅子《からじし》源氏物語』には「節分の夜に、家族そろって、巻き寿司を、一本ずつ、無言で食べる……」という記述がある。この小説は関西の架空のやくざ組織・須磨《すま》組が舞台になっている。いち早く「関西ローカルのおかしな風習」としてこれを採り上げているのはさすがだ。が、ここにもまだ「恵方巻」という名前はない。

そして平成元年（一九八九）、セブン－イレブンの広島の一部店舗で、「関西ではこういうことをやってます」ということで売り出した。これが売れた！　以降販売地域を拡大。平成十年（一九九八）に、「丸かぶり寿司　恵方巻」という名前で全国のセブン－イレブンで発売となった。ここでようやく「恵方巻」という名前が登場するのだ。

そこへコンビニ各社もどっと参入することで、恵方巻は一気に全国的になったのだ。いまや、セブン－イレブンだけで六百万本を売っている。大阪府鮓商生活衛生同業組合が平成二年（一九九〇）に作ったチラシには、

《江戸時代の末期若《も》しくは明治の始め頃から大阪の中心地、船場が発祥地とされております。商売繁盛、無病息災、家内円満を願ったのが事の始りです》

とある。これまでなんとなく「古くから」「昔から」だったが、「江戸時代末期若しくは明治はじめ」という具体的な時期が出てきた。が、その根拠は不明だ。

名前が「恵方巻」に統一されるまでに、丸かぶり寿司、幸運巻寿司、招福巻……と色々な名称があった。その名称を巡って裁判になったこともあった。実はその時、大阪高裁が出した判決文で、恵方巻の由来が調べられていた。

《遅くとも昭和七年ころには大阪の一部地域において、節分に恵方を向いて巻き寿司を丸かぶりする風習が行われるようになった》

とある。結局、一番最初のチラシに戻ってしまった。もやもやは、晴れない。

恵方は、約千四十五年。

巻寿司誕生から、約二百五十年。
船場で始まって、約百五十年。
幸運巻寿司は、約八十年。
「恵方巻」となって、約二十年。

バレンタインデーが作ったもの

バレンタインデーは西洋の伝統ではないか？

というご指摘は、もっともだ。しかし、女性から男性にチョコレートを贈って愛の告白をする――は日本発祥ということは、広く知れ渡っている。これは、新しくできた「日本の伝統」と考えてもいいのではないか？

経緯は、わりとよく知られている。

昭和三十三年（一九五八）、東京のメリーチョコレートが、「バレンタインデーに女性から男性にチョコを贈ろう」とキャンペーンを始めた。が、まるで売れなかったという。

これには前史があって、戦前の昭和十年（一九三五）に神戸のモロゾフが、英字新聞に「バレンタインデーにチョコレートを」という広告を掲載している。それを参考にしたものだという。

当初は苦戦したこのバレンタインデー・キャンペーンだが、一九六〇年代末から七〇年代にかけて急速に定着していった。

ほどなく、「本命チョコ」と「義理チョコ」が登場する。この義理チョコこそ実に日本的な発明で、これによってチョコの消費が伸びた。だって、本命は一人だが、義理の相手はたくさんいるから。が、九〇年代後半に至って、女性たちは「義理でわざわざ贈んなくてもいいんじゃない？」と気づく。

代わって二十一世紀から登場してきたのが、「友チョコ」だ。チョコレートメーカーにとっては、義理だろうと友だろうと、どっちでもいい。要はたくさん買ってくれればいいのだから。

ちなみに、西洋での歴史を綴《つづ》っておこう。

キリスト教のバレンタイン司祭が処刑されたのは、西暦二七〇年の二月十四日。その後、この日に家族や恋人同士、友だちでカードやプレゼントを贈る習慣が始まる。それは千年以上前からあったが、男女が愛の告白をする日になったのは二十世紀からという。ただし、チョコレートは関係ない（それまで飲み物だったチョコレートが固形になったのは、ようやく一八四七年だ）。

さらにちなみに、「バレンタインデーにチョコレートを」だから外来の風習だが、これがもし「二月十四日は恋告げ日と呼ばれ、花びら餅《もち》を贈る風習があります」などと和風変換されていたら、すっかり昔からの日本の伝統だと思うだろう。

この大ヒットしたバレンタインデーを、他の業界が黙って見ているはずもない。「なぜチョコレート業界だけが得をする？　記念日さえあれば、ウチの業界だって……」と思うのは自然な考えだ（先に述べた「恵方巻」の七〇年代攻勢の外部要因は、実はこれではないかと見ている。つまり、バレンタインデーは間接的に恵方巻を作った？）。同じお菓子業界では、早くも昭和五十五年（一九八〇）に「ホワイトデー」が誕生している。「一ヵ月後にお返し」というのが、またとても日本人的な発想だ。が、マシュマロなのか、キャンディーなのか、クッキーなのか……（おそらく）それぞれが主張しあい、結局「何を贈ればいいのかわからない」という結果になっているが。

出版業界は、スペインから「サン・ジョルディの日」などという、耳なじみのない記念日（四月二十三日）を持ってきた。八〇年代から宣伝を始めた。が、「本を贈ろう」というキャンペーンは難しい。チョコなら高いか安いかを選べばいいだけだが、本だと中味を選ばなければならない。かくして、一度も盛り上がらないまま、あまり聞かなくなった。

バレンタインデーが落ち着きを見せてきたあと、代わって盛り上がってきたのがハロウィンだ。もちろんそれ自体は、外国では古くからある伝統だが、日本では東京ディズニーランドが行った平成九年（一九九七）から話題になり始めた。二〇〇〇年代になって、街で仮装パレードなどして、若者たちは盛り上がっている。カボチャ業界……ではなく、お菓子業界、仮装グッズ業界が潤《うるお》っているようだが。

遡れば、バレンタインデー前史としてクリスマスイブの大成功があった。クリスマスが日本に入ってきたのはもちろんずいぶん早いが、やはり庶民の間で一般的になったのは戦後怒濤《どとう》のように流れ込んだアメリカ文化のおかげだろう。一九五〇～六〇年代。当時の若者にとっては目新しくカッコいい伝統行事だった。だから飛びついた。

が、その子供たち世代にとっては、どうだろう？　親世代の祭り（日本人はキリスト教由来の伝統行事に宗教性は求めない。求めないからこそ、広まる）は古臭いものだ。だいたい古臭いからこそ伝統なのだが、「古くて新しい」という側面がなければ、人は飛びつかない。そこへ、バレンタインデーという、古くて新しい伝統行事が提示された。

「これは自分たち世代の祭りだ！」

という意識が働いて、急速に盛り上がったと考えられないだろうか？

かくして、約二十〜三十年のサイクルで、その時の若者に目新しくカッコいい外国由来の伝統行事が盛り上がり、移っていく。

クリスマスイブ（一九五〇〜六〇年代）

↓

バレンタインデー（一九七〇〜八〇年代）

↓

ハロウィン（一九九〇〜二〇〇〇年代）……最近ではさらにそのあとに、

↓

イースター……が控えている。

バレンタイン司祭処刑から、約千七百五十年。

西洋のバレンタインデー（家族、友だちなど）から、約千年。

固形チョコ登場から、約百七十年。

西洋のバレンタインデー（恋人同士・チョコは関係ない）は、約百十年。

日本でチョコと愛の告白になって、約六十年。

盛んになって、約五十年。

義理チョコ誕生から、約四十年。

友チョコ誕生から、約十五年。

＊　＊　＊

日本人は新しいもの好きなのだ。それが「新しいものだから」という理由だけで、とりあえず飛びつく。そして、一見新しいが「実は古い伝統がある」ということを知って、安心する。つまり、「古い伝統をバックボーンに持つ新しい風習」が理想。それが商売と結びつくと、一気に「伝統行事」として広がるのだ。昔・デパート、今・コンビニだ。

そうやって三世代くらいたてば、新しい風習はすっかり伝統となる。

歳時記をめくり、まだ使われていない「季節」「記念日」と「売り物」のセットを思いつけば、それは新たな伝統ビジネスとなるだろう。

第二章　家庭の中の「伝統」

冠婚葬祭をはじめとして、家庭の中にはさまざまなしきたりや行事がある。もともとは宮中だか上流家庭だかで始まったものでも、時間を経て広がり、庶民の家庭にまで入り込んでいるのなら、それは長い年月がかかっている。まぎれもなく、日本の伝統だ。

だから、親に「昔からこうだ」と言われれば、それらはみんな古くから伝わる日本の伝統だ——と子供は思う。当然だ。だが実は、ひょっとしたらほんの一、二世代前に世間の流行で始まったものも一緒に混ざっているかもしれないのだ。しかしその違いは、幼い子供にはわからない。

かくして、やがてその子供が親になり、また自分の子供に「昔からこうだから」と伝えていくことになる。

古式ゆかしい神前結婚式？

結婚式は白無垢《しろむく》の神前結婚か？　それともウェディングドレスのキリスト教式か？……と女性は色々と迷う。

「やっぱり日本人だし、古式ゆかしく神前で」という判断を下すカップルもいるだろう。その判断は人それぞれでいい。だが実は、神前結婚式というのは、別に「古式」ではない。

明治三十三年（一九〇〇）、当時の皇太子（のちの大正天皇）の婚儀に際して定められた様式が、神前結婚式だ。天照大神を祀《まつ》る宮中の賢所《かしこどころ》で行われた。

翌年、東京・日比谷の神宮奉斎会本院《ほうさいかい》（皇大神宮遥拝殿《こうたいじんぐうようはいでん》として明治十三年創建。現在の飯田橋・東京大神宮）が、「模擬結婚式」なるものを開催して、神前結婚式の様式を定めた。これが始まりだ。現在、東京大神宮のホームページには「神前結婚式創始の神社」と誇らしげに書かれている。

そもそも日本には、「結婚式」なんてものはなかった。平安時代の貴族は婿《むこ》入り婚（妻の家に夫が入る）だが、この時に露顕《ところあらわし》という宴を開く。結婚式はなく、結婚披露宴だけがある、という感じだ。

鎌倉時代に入ると、武家の父権主義で、嫁入り婚になった。武家の婚礼に関する礼法は、室町時代後期の小笠原《おがさわら》流・伊勢流（特に伊勢流）による。床の間の前で、三々九度をしたり、といったものだ。江戸時代になると、庶民も武家のそれを真似《まね》始め、個人の家で祝言《しゅうげん》をあげるようになった。

基本的に、結婚に神の承認は関係ない。が、床の間は神聖な場所ということになり、日本の神様は依《よ》り代《しろ》があればどこへでも降りて来てくださるようなので、なんとなく神様の前で行っている素朴な感覚はあったかもしれない。「プレ神前結婚式」とでも呼べる状態だ。しかし、基本は自宅だ。

明治になって、六年（一八七三）。黙認の形でキリスト教の禁止が解かれた（明治政府が公式に認めるのは、明治三十二年〈一八九九〉まで待たなければならない）。さっそくこの年、麹町《こうじまち》の日本人女性が神田共立学校の外国人教師と結婚したのが、日本におけるキリスト教式結婚式の最初だと言われている。

それから、あちこちでキリスト教式の結婚式が行われた。つまり教会で神に誓う形式だ。それを見て、西洋文明の香りを感じたに違いない。神聖だと思っただろう。そして欧米人からの「日本には、結婚の儀式もないのか?」という視線も感じたに違いない。やがて、欧米コンプレックスによる行き過ぎた洋風化の鹿鳴館《ろくめいかん》時代(一八八三～八七年)に入る。

すると明治二十五年(一八九二)、最初の仏前結婚式が行われる。浄土真宗本願寺派の藤井宣正が東京白蓮社《びゃくれんしゃ》会堂で挙式した。東京大神宮の神前結婚式より、こっちのほうが早いのだ。遅れて、皇太子ご成婚によって神前結婚式の様式ができあがる。仏前、神前いずれも、キリスト教式を参考にして式次第が作られたのだろう。内容はよく似ている。もともと、三々九度は武士が客をもてなす作法で、結婚とは関係ない。室町時代、婚礼に取り入れられた。花嫁の綿帽子・角隠しは、もともと大奥の女中が外出時の埃除《ほこりよ》けや防寒具に使っていたもので、これも幕末頃まで婚礼とは関係ない。色々な伝統をあちこちから持ってきて、神前結婚式の「古式」は二十世紀に入って作られたわけだ。

ここから、神社で行う神前結婚式が増えてくる。仏前でなく神前が多いのは、神道《しんとう》と家制度を使って国民を治める——という明治政府の思惑も大きかったのだろう。

昭和六年(一九三一)、目黒雅叙園《がじょえん》がオープン。日本料理・中華料理の料亭だが、館内に式場関連施設を設け、初の総合結婚式場となった。こうして、神社以外の場所でも神前結婚式が行われるようになる。

キリスト教式結婚式から、約百四十五年。
仏前結婚式から、約百二十五年。
神前結婚式から、約百二十年。

夫婦同姓は伝統か？

「夫婦同姓は日本の伝統だ！」

「いや、そんなもの伝統じゃない！」

という論争は、もう五十年近くも続いている。いったいどっちなんだ？

夫婦同姓・夫婦別姓——それぞれに主義主張、好みはあるだろうが、その前提として、まず国民全員に「姓」がなくては話にならない。

名字、苗字《みょうじ》、氏、姓……と似たような言葉が色々あり、少し意味も違う。が、現代はほぼ同じ意味で使われている。この項のあちこちに出てくるこれらの言葉は、みんな同じ意味と思って読んでもらってかまわない。

さて、古代からずっと、「姓」を名乗れるのは、貴族や武士の特権階級だけだったのは、ご存知の通り。江戸時代は「苗字帯刀」というのが武士の証《あか》しだった。とはいえ、庶民だって下の名前だけでは紛らわしいことがある。住んでいる地名や屋号などで、苗字を名乗ることもあったが、それは公的には使えなかった。あくまで私称だ。

明治になって、方針が変わる。

明治三年（一八七〇）、「平民苗字許可令」が出された。これは庶民でも苗字を名乗っていい、というもの。あくまで「名乗ってもいい」という法律だから、面倒臭い、なくても困らないと思う人は名乗らなかった。

そこで、明治八年（一八七五）、「平民苗字必称義務令」が出された。これは「名乗らなければならない」という義務だ。すでに明治四年（一八七一）、最初の戸籍法が発布され、翌年に「壬申《じんしん》戸籍」が作られていた。庶民に、苗字があったりなかったりしたら、把握するのに困るのだ。

さて、そうなるとすぐに、

「結婚した女性の苗字はどうするのか？」

という問い合わせが、各地から内務省に寄せられた。内務省は困って（それぐらい最初から考えておいてほしいものだが）、太政官《だじょうかん》に伺いを出した。

そこで、明治九年（一八七六）、太政官指令で、「他家に嫁いだ婦女は、婚前の氏」とされた。つまり、最初は「夫婦別姓」だったのだ。

明治二十二年（一八八九）、「大日本帝国憲法」が公布される。

明治三十一年（一八九八）、「民法」（旧民法）が成立。ここではじめて「夫婦同姓」が制定された。家父長制の「家制度」は、同じ姓によって戸籍の筆頭者を決め、そこから家単位で国民を管理したいのだ。

戦後、昭和二十一年（一九四六）、「日本国憲法」が公布される。昭和二十二年（一九四七）、「改正民法」成立。家制度は廃止されたが、「夫婦同姓」は残った。ただし、夫の姓、妻の姓、どちらでも選べるようになった。

昭和五十年（一九七五）、「選択的夫婦別姓」への民法改正を求めるはじめての請願が出される。以降ずっと、選択的別姓についての議論が続いている。

ちなみに、日本の民法制定時、外国に「夫婦同姓」としている国はいくつかあった。が、その後順次改正。現在、世界では選択制や、別姓など様々だ。夫婦同姓を「義務付けている」のは日本だけ。

庶民が「姓」を名乗るようになって、約百四十年。
「夫婦別姓」になって、約百四十年。
「夫婦同姓」に変更されて、約百二十年。
「選択的夫婦別姓」が議論されて、約五十年（長すぎないかい？）

良妻賢母と専業主婦

明治初期の日本というのは、この国をどんな方向に作っていけばいいのか手探りだ。極端な欧米化があったり、キリスト教的な考えがあったり、その反動として儒教的考えがぶり返したりもした。

女子教育もそうだった。文明開化直後には、欧米風に男女の平等が説かれた。ちょうど十九世紀半ばから、欧米では婦人解放運動が盛んになっていたからだ。

明治六年（一八七三）、欧米思想をひろめる啓蒙《けいもう》学術団体・明六社ができる。そこで、『西国立志編』で知られる中村正直が、「守旧的な日本人の性質を一新するには、幼児教育が大切で、そのためには賢母育成の女子教育が必要だ」と説いた。

それまでは「女に学問はいらない」という考えだったのだから、なかなか革新的だ。「賢母」は、実は欧米仕込みの新しい考え方だったのか！

しかしその反動がくる。明治十年代から二十年代にかけ、儒教的な男尊女卑の考えが台頭してくるのだ。

明治二十三年（一八九〇）、「教育勅語」発布。忠君愛国と儒教的道徳だ。

明治三十一年（一八九八）、家父長制の「民法」ができたのは、前項で書いた。

そして、翌明治三十二年（一八九九）、高等女学校令が出された。

ここでの教育理念が「良妻賢母」だった。良妻とは「夫とその家族を敬愛し、よき跡継ぎを作ること」、賢母とは「従順、温和、貞淑の、美徳あふれる母」ということになる。欧米が儒教にからめとられて、折衷案になったという感じだ。

以降、これに「お国のため」という要素も加えられ、第二次世界大戦まで、日本の女子教育は良妻賢母主義となるのだ（教育勅語は、一九四八年衆参両院で決議の上、廃止された）。


この良妻賢母主義によって、女性が家事・育児に専念することで「専業主婦」が生まれる。実はこれも、外国から来た新しい考えだ。

だいたい世界中どこでも（もちろん日本でも）、十八世紀以前の庶民は、男も女も農作業、漁業、商業、手工業などの仕事についていた。が、十九世紀にイギリスで産業革命によって工業が起こると、夫は外で働き、中流階級の妻は家で家事・子育てだけをする「専業主婦」が生まれた。

日本では大正時代の一九一〇年代に、大都市を中心に「サラリーマン」が誕生。ここで、専業主婦が生まれた。外国からやってきた（たぶん）新しくてカッコいいライフスタイルだったのだろう。当時のアメリカでは「結婚して子供を持つ郊外住宅の主婦」が女性の憧《あこが》れの的とされていたようだし。

それでも戦前は、「給与所得者の夫」と「専業主婦の妻」という組み合わせは、軍人・役人・大都市のサラリーマン幹部など、一部の人々だけだ。戦後の高度成長期になると、サラリーマンが増え、専業主婦が多くなった。

イギリスでは一九二〇年頃、専業主婦の割合は八十％以上。

アメリカでは一九五〇年頃、専業主婦の割合は七十五％だという。

日本では一九七五年頃が一番高く、専業主婦の割合は六十％程度。

「良妻賢母」も「専業主婦」も、元は西洋近代思想だったんだなあ。

　明六社の欧米的な「賢母」から、約百四十五年。

「教育勅語」発布から、約百三十年。

儒教的な「良妻賢母」から、約百二十年。

日本での「専業主婦」誕生から、約百十年。

「教育勅語」廃止から、約七十年。
日本で「専業主婦」の割合が一番高い時から、約四十五年。

サザエさんファミリー幻想（三世代同居）

「かつては大家族、二世代、三世代同居という家族がたくさんあった。その中で親から子に受け継がれた知恵や工夫、モラルがあった」（二〇〇七年、衆院教育再生特別委での安倍首相答弁より）

という意見がある。昔は多くが三世代同居だった。サザエさんファミリーを見なさい。あれこそが伝統的な日本の家庭の姿ではないか——と。本当だろうか？

第一回国勢調査は、大正九年（一九二〇）に行われた。それを分析した戸田貞三氏（家族社会学者の草分けらしい）の著作がある。それによると、日本の家族構成は、「核家族」五十四％「拡大家族」三十一％「単独世帯」六・六％とある。「拡大家族」はほとんどが三世代同居だ。全体の三割弱。たしかに多いとは思うが、これを「たくさん」というかどうか。だって、過半数なのは核家族だ。

平成二十七年（二〇一五）の第二十回国勢調査の結果と比べると、九十五年で、こういう風に変化している。

	（一九二〇年）		（二〇一五年）
「核家族」	五十四％	↓	五十五・九％
「拡大家族」	三十一％	↓	九・四％
「単独世帯」	六・六％	↓	三十四・六％

三十一％あったものが九・四％に減っているのだから、「三世代同居」がどんどん減っている感じはよくわかる。仮に、この減少直線をそのまま過去に遡《さかのぼ》らせてみると、さらに九十五年前（一八二五年）は三世代同居世帯が全体の半数。さらにその九十五年前（一七三〇年）は七割……ということになるので、「昔は三世代同居が多数派だった」と思うのかもしれない（もちろん、そんなのは数字上の遊びにすぎないが）。

では大正以降、核家族が一貫して増えてきたのかというと、そうでもない。この九十五年間ではほぼ変わっていない。実は、核家族のピークは一九七五年調査にあって、全体の六十三・九％だった。団塊の世代が結婚して家庭を持った時期だ。以降はゆるやかに減り始め、現在に至る。代わって、独り暮らしがすごい勢いで増えているのだ。

そしてその年齢は、近年一貫して高齢化している。

思いきり遡ると、平安末期以降は、有力農民の元に直系だけでなく叔父、叔母世帯なども同居する拡大家族だった（三世代同居も含む）。それが、江戸時代以降、小規模な独立家族が増えていく。独立しても生活して行けるようになったのだ。つまり、江戸時代は核家族化が進んでいたことになる。三世代同居が増えたのは幕末以降だ。

では、サザエさんファミリーはどうか？　よく知られているように、マスオさんは婿養子ではない。サザエさん・マスオさん夫婦と子供のタラちゃん一家（フグ田家）が、サザエさんの実家・磯野家に同居している。二世帯同居で、三世代家族、つまり拡大家族だ。

が、サザエさんの結婚当初は家を出て、マスオさんと核家族を作っていた。磯野家の近所にある借家住まいだった。ある日、マスオさんが大家と喧嘩《けんか》して追い出されたため、サザエさんの実家で同居することになったのだ。

これもよく知られているが、サザエさんファミリーは歳《とし》をとらない。タラちゃんが三歳のあたりで、全員が成長することをやめてしまった。なので、その頃の「家族」が固定されている世界なのだ（電気製品だけは新しくなるが）。テレビアニメ・サザエさんが始まったのは昭和四十四年（一九六九）。七〇年代の核家族世帯ピーク時に、

「昔はよかった」というノスタルジーだったのか？　そして、それがずっと固定されている。

三世代同居世帯が三割弱から、約百年。
漫画「サザエさん」から、約七十年。
アニメ「サザエさん」から、約五十年。

おふくろの味は「伝統の味」か？

「白菜」

時代劇のワンシーンを思い浮かべてほしい。江戸時代の、とある村。冬だ。外は北風がびゅうびゅう吹いている。そんな中、一家での夕餉《ゆうげ》。囲炉裏が切ってあり、自在《じざい》鉤《かぎ》で吊《つ》り下げられた鍋《なべ》がぐつぐつ……。母が子に言う。

「さあ、あったかいお鍋をお食べ」

鍋の中には大根、白菜などがおいしそうに煮えている。

さて、このシーンには間違いがある。何か？

答えは、「白菜」。江戸時代の日本に白菜はないのだ。だから、鍋の具として白菜はない。当然、白菜の漬物もない。意外だ。時代劇では、普通にありそうなのに。

白菜というのは、実はとても新しく日本に入ってきた野菜なのだ。明治八年（一八七五）に政府が中国から結球ハクサイを持ち込んだ。しかしまだ国内での栽培は成功していない。

白菜は交雑性が強い。昔から日本にあるアブラナ、カブ、小松菜なんてものと交ざって、別の野菜ができてしまうのだ。葉がうまく結球せず、緑がかってしまう。

「駄目だ、これでは緑菜だ。あの白くきれいな白菜を作らなくては！」

と試行錯誤。たまに「ハクサイカブ」みたいな妙なものもできてしまう。これは葉がカブで根がハクサイなんだから、どこを食べればいいのやら……。

そうこうしているうちに時代は下って、日清・日露戦争で中国に行った兵士たちが、「こんな野菜を日本でも食べたい」と白菜の種を持ち帰ってから、少しずつ広まり始めた……というから、すでに明治も終わりだ。

宮城県松島湾の馬放島《まはなしじま》という小島で隔離して、ようやく栽培に成功したのは、大正時代。普及したのは昭和に入ってからだ。

ネーミングは大事だ。これが「パイツァイ」などという名前だと、いかにも最近中国から入って来た野菜だという気がする。が、「はくさい」だと、大昔から日本人が食べてきたような気がする。漢字は同じ「白菜」だが。

だから、白菜の入った鍋料理も、白菜の漬物も、日本伝統のおふくろの味ではない。

ちなみに、白菜には「晴黄《はれぎ》」「黄苑《こうえん》」「黄皇《きこう》」「黄久娘《きくむすめ》」「黄味小町《きみこまち》」……など黄色を強調した品種が多い。「白菜だったら白を強調する名前なのではないか？」と以前種《しゅ》苗《びょう》メーカーに聞いてみたことがある。

「あれはカット売りが増えたからです。スーパーなどでは、半分にカットしてラップして売ります。断面が見えるから、全部白より黄色が入っているほうが見栄《みば》えがいいんです」

ああ……。かつて緑菜になってしまうことから脱し、ようやく白菜になったのに、今は黄色が求められるとは。


「肉じゃが」


各種ある「おふくろの味」ランキングでは、いつも「肉じゃが」は上位に入る。しかし、「肉じゃが」の歴史が浅いことは、その名前からわかる。なにしろ「肉」だ。江戸時代、肉はおおっぴらには食べていないはずだ。そして「じゃが」だ。ジャガイモは明治になって入ってきたのではないか？

ジャガイモは、ジャガタラ（ジャワ島のジャカルタ）から伝わったことからこの名前なのだが、その前を遡れば、コロンブスがアメリカ大陸から持って来たものだ。実は日本には、すでに戦国時代末期に伝わっている。意外なことに、サツマイモより百年ほど早いのだ。それからジャガイモは、各地で甲州イモ、清太夫《せいだゆう》イモ……などの名前で細々と栽培されている。もちろん、本格的には明治になって北海道に持ち込まれた。だから「肉」も「じゃが」も、明治以降なのは間違いない。

明治三年〜十一年(一八七〇〜七八)、海軍の東郷平八郎はイギリス・ポーツマスに留学していた。その地で食べたビーフシチューの味が忘れられず、帰国後、海軍の艦上食として作らせた。が、ワインもドミグラスソースもないので、醬油《しょうゆ》と砂糖を使ってできたのが「肉じゃが」……ということになっている。

しかし、当時すでにビーフシチューはあり、ハヤシライスもあったから、この説はあやしい。まあ日本海海戦の英雄・東郷平八郎をルーツに持ちたい気持ちはわかる(のち、東郷ゆかりの京都府舞鶴市と広島県呉《くれ》市は、それぞれ「肉じゃが発祥の地」を宣言している)。

実は、平成十一年(一九九九)の毎日新聞・京都版に、まいづる肉じゃがまつり実行委員長の清水孝夫氏が「(一九九五年に)東郷平八郎が登場するストーリーを創作したわけです」とあっさり取材に答えている。呉市商工観光課の担当者と、「ルーツ争いと味の〝対決〟で宣伝効果をあげようと、呉へ『殴り込み』を掛けるなど、仲良く作戦を練ったのです」と。地方活性化のアイデアとしては大成功した物語だ。では、実際はいつできた料理なんだろう?

明治三十八年（一九〇五）の「時事新報」に、軍艦内の昼食「煮込み」と書かれているのが肉じゃがだという。同じ頃『家庭日本料理法』という本に書かれている「牛肉の雑煮」がそうだともいう。大正七年（一九一八）、東京朝日新聞に書かれた「小間切肉の甘煮」がそうだともいう。いずれにせよ、大正初期には「肉じゃがらしき料理」はあったようだ。

海軍では、昭和十三年版『海軍厨業《ちゅうぎょう》管理教科書』に、「甘煮」とあるのが、現存する最古の肉じゃがレシピと言われる。一方陸軍でも、昭和三年発行の『軍隊調理法』の中に「牛肉煮込」がある。翌四年の「標準献立表」には「牛肉缶煮込」が出てくる。これらも、同様な料理のようだ。

……と、ここまで見てわかるように、この料理の名前はずっと、「煮込み」や「甘煮」なのだ。戦後になって、昭和二十五年（一九五〇）の雑誌「主婦と生活」に「肉ジャガ」と出てくるのが一番古い。ただしこれは「四谷見附の外食券食堂に肉ジャガ十七圓というメニューがある」という紹介記事。一般の家庭料理紹介ではない。昭和三十九年（一九六四）、NHK「きょうの料理」テキストで、ようやく「肉じゃが」が登場する。が、一般に広まるのはまだ先。名前が「肉じゃが」で定着するのは一九七〇年代中盤以降と言われる。ずいぶん新しい名前だし、新しいおふくろの味なのだ。

「卵かけご飯」と「目玉焼き」

おふくろの味とはいえないだろうが、ともに家庭料理の基本だ。いや、目玉焼きはただ卵を焼いただけ。卵かけご飯は、料理といっていいかどうかも微妙だけど。

一般的に、外国人は卵を生で食べない。一方、日本人は昔から刺身に代表される生ものが好き。だから、卵かけご飯を食べてきた。気の短い江戸っ子は、ササッと食べる卵かけご飯をかっこんできた。外国人に気持ち悪がられようと、これは日本人の伝統的な食文化なのだ……と思うかもしれない。しかし、江戸時代に卵かけご飯はない。

むろん鶏は、日本でもずっと昔から飼っている。が、愛玩《あいがん》用か闘鶏用。肉も卵も、長い間、食用とは思われていなかった。戦国時代、西洋人がカステラやボーロなど、卵を使って南蛮菓子を作ることを伝えた程度だ。

江戸時代に入って、卵を食べるようになる。しかし、品種改良を重ねた現在の鶏と違って、当時の鶏は五、六日に一個しか卵を産まない。しかも、卵を温めている間は次の卵を産まない。なので流通量が少なく、卵は高級品だった。

三代将軍家光の頃、後水尾《ごみずのお》天皇の二条城御幸に際し、溶き卵を使った「卵ふわふわ」なる料理を出したという。江戸時代後期の天明の頃には、『卵百珍』という卵料理の紹介本が人気になっている。江戸後期から幕末にかけて書かれた『守貞漫稿』には、かけそばが一杯十六文で、卵の水煮（ゆで卵）は一個二十文だったとある。

　こんな高価なもの、もったいなくて生でご飯にかけたりはできない。それに、考えてみれば、当時の衛生環境と保存環境では、生卵は必ずしも安全とはいえないのだ（先に述べた『卵百珍』には、蒸す、煮る、焼く、漬ける……などの料理方法が百七種書かれているが、生食はない）。

　明治に入って、岸田吟香という人がいた。新聞記者で、実業家でもある。日本初の従軍記者として有名。彼の息子が、あの「麗子像」の洋画家・岸田劉生《りゅうせい》だ。

　明治五年（一八七二）、岸田吟香がはじめて卵かけご飯を食べ、周囲の人にも勧めたという。これが、文献上残る卵かけご飯の始まりだ。もちろん、それまでにだって食べた人は何人かいただろうが、一般的ではなかった。新聞記者だから記録に残ったわけだ。

　戦後もしばらく、卵は貴重品だった。やがて大量生産されて安くなり、洗浄され清潔になった昭和三十年代以降、卵かけご飯が一般的になったという。なんだ、あれは「三丁目の夕日」的な昭和高度成長期ノスタルジーだったのか。

もう一つ。「目玉焼き」だ。『卵百珍』にある百七の卵料理の中に「目玉焼き」はない。江戸時代には、フライパンのような鉄板を使う料理があまりなかったからだろうか。

目玉焼きは単純な料理だが、明治以降、西洋料理の一つとして欧米から入ってきたものと考えられている。「サニーサイドアップ」を「目玉焼き」としたところで、一気に和風感が出てきたようだ。よく「醬油か、ソースか」という論争になるのは、西洋料理か和風料理かが曖昧《あいまい》なせいなのだろう。

日本人が白菜を知って、約百四十年。
日本で白菜の栽培に成功して、約百年。
日本にジャガイモが伝わって、四百二十年。
日本人がおおっぴらに肉を食べ始めて、約百五十年。
「肉じゃがらしき料理」ができて、約百五年。
名前が「肉じゃが」になって、約四十年。
「肉じゃが東郷平八郎ルーツ説」ができて、約二十五年。

「目玉焼き」は、約百五十年。
「卵かけご飯」は、約百四十五年。
「卵かけご飯」が一般的になって、約六十年。

ハイカラな洗濯板

いまや多くの家庭に電気洗濯機があるだろう。たいていは一槽式の全自動。洗濯・すすぎ・脱水に加え、乾燥までやってくれるものもある。便利なものだ。少し前までは二槽式で、洗濯槽で洗ってすすいだものを「エイヤッ」と隣の脱水槽に移さなければならなかった。

その前は、洗濯槽だけの一槽式。年配の方は、横にローラーがついていたものを憶《おぼ》えているかもしれない。洗ったものをそれで絞ってノシイカみたいにして、脱水するのだ。我が家にも、子供の頃あった。見ていて面白かったけど、(こんなことして布が傷《いた》まないいんだろうか?)と子供心に思ったものだ。

さらにその前は洗濯板だ。あのデコボコ波板の上で、手で洗濯物をゴシゴシ洗うわけだから、考えただけで疲れる。我が家にも、使い込んでデコボコが一部薄くなった洗濯板があった。子供の頃それを見て、

「昔の人は大変だったんだなあ」

と思ったものだ。

ところが、そうではなかった。いや、そうではあったのだが、その「昔」とは、せいぜい大正時代なのだ。それ以前の昔、洗濯板はなかった。

「え？　ドラマの時代劇では、おかみさんたちが盥《たらい》と洗濯板を使っているシーンがありそうな気がするのだが……」

昔話の「桃太郎」は、「むかしむかし、おじいさんは山へしば刈りに、おばあさんは川へ洗濯に……」で始まる。あのおばあさんの絵は、川の側で盥や洗濯板が描かれているような気がするが、当時そんなものはなかったのか。

「じゃあ、桃太郎のおばあさんはどうやって洗濯していたのか？」

石の上にのせて棒でたたいたり、足で踏んだりして洗っていた。世界中、昔の洗濯とはそういうものだ。当時の繊維はゴワゴワしているので、多少荒っぽくても問題ない。

盥や手桶《ておけ》は平安時代の末期には使われるようになった。が、これはまだ木をくりぬいて作ったようなもの。板を並べて箍《たが》で締める大型の盥が登場するのは江戸時代。これで、時代劇のおかみさんたちは井戸端で盥を使って洗濯できるようになったのだ。

しかしまだ洗濯板はない。

実は洗濯板は、明治になって欧米からやってきたハイカラな舶来品だったのだ。多くの本に「洗濯板は一七九七年フランスで発明された」と書かれている。ネットの海外情報にもそうある。しかしやけにハッキリ年数を示すわりに、根拠がよくわからない。同じ年、アメリカのナサニエル・ブリッグスが発明したという情報もある（こっちの方は洗濯板ではないようだが、その特許資料は火事で焼けて詳細不明）。どうやら両者が混同しているようだ。いや、もっと以前に中国で発明されていたという説もある。

当時の洗濯板を再現した写真やデザイン画を見ると、なんと、側に例のノシイカ絞り機みたいなローラーがあるのだ。人類にとって洗濯というのはかなりの重労働で、過去さまざまな方法が考案されてきた。ヨーロッパでは洗濯板に先立って、樽《たる》に入れて手回し攪拌《かくはん》する方法や、ローラーで絞る方法がすでにあったのだ。洗濯板よりローラーの方が先だったのか！

一八三三年、アメリカで金属製の洗濯板が特許を取っている。当然その前に木製の洗濯板が存在していたわけだから、「洗濯板は十九世紀初めには登場していた」とは言えそうだ。以来アメリカでは、二十世紀前半にかけて洗濯板が広く普及した（その過程で、楽器としてのウォッシュボードも生まれている）。

そして日本へは、明治の中頃入ってきた。欧米の足つき洗濯板ではなく、足を切って、しゃがんで使うスタイルになった。一般の家庭が洗濯板を使うのは、大正時代になってから。当時、盥に洗濯板は「新しい洗濯風景」だったという。「伝統的な日本の洗濯風景」ではなかったのだ。

ということは……、男の人のあばら骨が浮いた胸板を「洗濯板のよう」と表現するが、あれは大正時代以降のことか。宮崎市の観光地・青島に、デコボコの岩が板状に広がる「鬼の洗濯板」と呼ばれる奇観があるが、あのネーミングも新しいわけだ。

昭和五年（一九三〇）に国産初の電気洗濯機ができる。が、まだ庶民には高嶺《たかね》の花だ。昭和三十五年（一九六〇）あたりになって「三種の神器（洗濯機・冷蔵庫・テレビ）」がようやく普及しはじめ、洗濯板は役目を終える（今も小物洗いには活躍しているが）。

日本の一般家庭における「洗濯板時代」は、五十年ほどしかなかったということになる。

洗濯板の登場から、約二百二十年。
アメリカで洗濯板が広がって、約百八十年。

日本に洗濯板が入ってきて、約百三十年。
一般の家庭で洗濯板が普及して（洗濯板時代の始まり）、約百年。
国産の電気洗濯機ができて、約九十年。
「三種の神器」で電気洗濯機が普及して（洗濯板時代の終わり）、約六十年。

夏の郷愁・蚊取り線香

「金鳥の夏、日本の夏」

と大見得を切ったCMが始まったのは、昭和四十二年（一九六七）。出演していたのがあの美空ひばりだから、有無を言わさぬ説得力があった。この時、彼女はまだ三十歳であったのだが。

以来このコピーを使ったCMは、出演者を変え、内容を変えながらも続く。おかげで、日本人なら、蚊取り線香の渦巻きを見ただけで鼻の奥にあの香りまでよみがえり、

「ああ、たしかに日本の夏だ」

という感慨が浮かんでくる。最近は、電気蚊取りなどが増えたので、

「煙がふわ〜っと立ち昇るあれこそが、日本の夏の伝統の風景だ」

という郷愁も浮かぶ。

ところが、明治以前の日本の夏に、そんなものはなかったのだ。金鳥が？　いや、蚊取り線香が、だ。

とはいえ昔から、日本の夏に「蚊」はいた。では、どうしていたのか？

平安時代から「蚊遣《かや》り火」を焚《た》いていた。これはヨモギの葉っぱや、杉、松の青葉などを火にくべて、燻《いぶ》した煙で蚊を追い払うというもの。これが、ずっと長い間、日本の夏の伝統だったのだ。

そして、明治になった。明治十八年（一八八五）、和歌山県有田で大きな蜜柑《みかん》農園を営んでいた上山英一郎のところへ、H・E・アモアというアメリカ人がやってきた。彼は福沢諭吉の紹介状を持っていた。上山はかつて、慶應義塾で学んでいたのだ。

アモア氏は植物輸入業者で、

「日本の珍しい植物の種と、私が持っている西洋の植物の種を交換してください」

という提案だった。

この時の約束で、翌年手に入れたのが「除虫菊」だ。除虫菊は地中海・バルカン半島原産の花。咲いているだけでは効果はないが、燃やすと殺虫効果がある。上山はその栽培を始めた。

そして明治二十一年（一八八八）、日本伝統の「蚊遣り火」からヒントを得て、除虫菊の粉末をおがくずと一緒に燃やす製品を作ったが、普及しなかった。

明治二十三年（一八九〇）、線香に練り込んだものを作った。これが「金鳥香」で、世界初の蚊取り線香になる。扱いやすいので人気になった。が、線香一本が燃える時間には限りがある。とても一晩はもたない。もちろん長くすればいいのだが、それでは折れやすく、火事の危険もある。

「さて、どうしたものか……」

と思案していたところ、上山の妻ゆきが、倉の中でとぐろを巻いていた蛇を見つけ、驚いて夫に知らせた。そこで、

「これだ」

と渦巻き状を思いつく。これなら、かさばらずに、一晩燃やすことができる。かくして、明治三十五年（一九〇二）に渦巻き状蚊取り線香が発売された。ここから、我々が郷愁を感じる日本の夏の風景ができあがるのだ。

やがて第一次世界大戦以降、昭和十八年くらいまで、日本は世界一の除虫菊生産国になる。「除虫菊」という和風な名前も相まって、蚊取り線香は昔からある日本の伝統だと思ってしまうのも無理はない。あの花が、元の「ピレスラム」という英名のままだったら、こうはならなかっただろう。

ちなみに、蚊取り線香といえば、豚の蚊遣りだ。これは大正四年（一九一五）の広

告に出ているので、明治の終わり。渦巻き状蚊取り線香発売から数年後には、すでに売られていたようだ。商売が素早い。

ところがのちに新宿で、江戸時代後期の武家屋敷跡から豚の蚊遣りが発掘されたのだ。陶器製で、口は一升瓶のように細いが、他はほぼ同じ。ユーモラスな表情で、両目の穴から煙が出るようにもなっている。今と同じだ。が、ここまで述べたように、江戸時代に蚊取り線香などないのだ。オーパーツか？　しかし、全長が三十五センチと大きい。昔からあるヨモギの葉っぱなどの蚊遣り火を燃やす道具だったようだ。なるほど。もともとこれがあったから、渦巻き状蚊取り線香が登場した時、すぐそれに対応した小型の豚の蚊遣りができたのか。

大正八年（一九一九）、上山は大日本除虫粉（金鳥ブランド）として会社を設立。その後キンチョール（すでに戦前に発売している）や、煙の出ない電気蚊取りなどを発売することになる。

ところで、蚊取り線香はあの煙に蚊を殺す効果がある……と思っていたが、違っていた。実は煙は関係なく、高温で揮発する「ピレスロイド」という化学物質に殺虫作用があるのだという。それで、スプレーでも電気蚊取りでもいいわけだ。

とはいえやはり、立ち昇る煙を見て「ああ、効いてる」と安心したくなるのが、人情というものだ。

夏の蚊遣り火から、約千二百年。
「蚊遣り豚」から、約二百年。
除虫菊の栽培を始めて、約百三十年。
棒状蚊取り線香「金鳥香」から、約百三十年。
渦巻き状蚊取り線香から、約百十五年。
蚊取り線香用「蚊遣り豚」から、約百十年。
大日本除虫粉（金鳥）設立から、約百年。
「金鳥の夏、日本の夏」から、約五十年。

正座は正しい座り方なのか？

日本人なら畳に正座――が正式な伝統、という認識が普通だろう。畳のほうは、最近一般家庭ではどんどん減ってきている。マンションだと和室がない場合も多い。が、たとえば冠婚葬祭などで改まった席に出た場合、そこが和室なら正座をするのが正しい礼儀だと思う。あれは痺《しび》れがきれて辛《つら》いけど、正式なんだからしょうがない、と。

しかし、どうやらそうでもないようだ。

昔の絵を見ると、公家《くげ》、武将、お姫様にせよ、座っている姿は下半身の着物がふわっとしていて、その下の足がよく見えない。あれは胡坐《あぐら》か立膝《たてひざ》なのだという。行儀が悪いわけではなく、それが普通だった。逆にいえば、胡坐や立膝、横座りが一般的だから、和服は裾《すそ》がふわっと広がる袴《はかま》をつけていたということか。礼儀作法にうるさそうな茶人・千利休の絵だって、よく見れば胡坐だ。

もちろん、そういった座り方の一つとして、正座もあった。が、まだ「正座」という名前はなく「かしこまる」とか「つくばう」と呼ばれていた。神仏を拝む時や、偉い人にひれ伏す時に使われる、特別な座り方だった。

だいいち、昔は板の間が普通だったから、長時間正座をしたら、痛くてたまらない。戦国時代末期には、下級武士にも広まっていたようだ。

江戸時代に入って、武家の作法に小笠原流が取り入れられた。すると、参勤交代の時、全国から集まった大名が江戸で将軍に向かう時、正座することが決められた。三代将軍家光の頃だ。偉い人に対し「かしこまる」という意味に加え、当然、咄嗟《とっさ》に斬《き》りつけにくくするという意図もあっただろう。各大名は領国に帰ってそれを伝えることで、正座の作法が全国に広がる。

（NHK大河ドラマでは、戦国時代までの武士は胡坐、江戸時代に入って追々正座にするように考証している。女性も同様。二〇二〇年の「麒麟《きりん》がくる」では、姫君たちも立膝で座っている。ところがSNSでは、これを見た一部の人たちが「韓国式の座り方だ！」と騒ぎ、それに対して「いや、あれが当時の正式なのだ」となだめていた。各人が脳内で創《つく》り上げる「これが日本の伝統だ！」の危うさを可視化しているようだった）

江戸中期になると、一般庶民の間でも、あらたまった席では正座をするようになる。

だんだん畳が普及してきたおかげもあるだろう。

正座が一般的な座り方になるのは、ようやく江戸時代中期の元禄《げんろく》～享保《きょうほう》（一六八八～一七三六）の頃だと推測されている。この頃には、座布団《ざぶとん》も現在の形になって、庶民の間にも普及していた。

だが、江戸時代以前の文献に「正座」という名前はないのだ。明治になって、ようやくこう呼ばれる。

明治十五年（一八八二）、『小学女子容儀詳説』という本がある。小学生用というわけではなく、イラストも入った、娘向けのマナー集みたいな本だ。そこに、「凡《およ》そ正座は、家居の時より習ひ置くべし」とある。そうしておかないと、他の家にいった時に痺れがきれて苦しむぞ、と書いてある。これが「正座」という言葉の初出のようだ。

正座は膝と足首に負担がかかるし、痺れて血行が悪くなるしで、あまり体にいい座り方ではない（実際、年をとったら正座はよくないらしい）。

「なんといっても正座というぐらいだから、日本の伝統的で正式な座り方なんだし」と思っていたが、歴史を見ると、別にそんなことでもないようだ。無理をすることはない。

正座がかしこまった席の礼儀になって、約四百年。
正座が広まって、約三百年。
「正座」という名前になって、約百四十年。

土下座は謝罪なのか？

正座が出たから、土下座にも触れておこう。形としてはご存知のように、正座したまま両手を開いて前につき、額が床に着く、あるいはそれくらいまで伏せる。だが実は、この状態だと単に「下座」という。屋外の地面で行うから「土下座」になるのだ。なるほど、そうなのか。最近の都会では土の地面が珍しいので、たいていは「アスファルト下座」とか「コンクリート下座」になってしまう。

ドラマ『半沢直樹』の大ヒット（二〇一三年）で、「土下座をする・しない」がひどく注目された（あれは正確にいえば「床下座」とか「絨毯《じゅうたん》下座」になるのだろうが、まあそれはいい）。土下座は日本伝統の最大級の謝罪であり、そのぶん大変に屈辱的な行為であることが強調された。

ところが実は、土下座が謝罪の意味を持つようになったのはそう古くないようだ。

もちろん土下座そのものは古くからある。が、その意味は最大級の恭順や畏敬《いけい》だった。時代劇の大名行列では、特に格が高い存在に対して土下座する庶民の姿がある

（並みの大名だったら、道の端によけるだけでよかったようだ）。「正座」の項で、「神仏を拝む時や、偉い人にひれ伏す時に使われる、特別な座り方だった」と書いたが、その意味あいがより強いものだと考えるとわかりやすい。

京都の人には有名な待ち合わせスポットに、通称「土下座像」というものがある。三条大橋の東側にある高山彦九郎像だ。地べたに座って御所の方向を仰ぎ見ている。額は地面につけていないが、その姿勢は土下座だ。

彦九郎は江戸時代後期（十八世紀末）のガチガチの勤皇思想家。ファナティックなタイプなので奇行でも有名で、京都に入る時三条大橋で跪《ひざまず》いて御所の方向を拝み、名乗りを上げ、号泣した……という故事の再現だ。その感情はよくわからないが、はるばる上野国《こうずけ》（群馬）からやってきて感激のあまり、と理解するしかない。どう考えても謝罪ではなく、これは最大級の恭順や畏敬だろう。像の正式名称も「高山彦九郎皇居望拝之像」とある。

彼の死から五十〜六十年後、幕末の勤皇志士たちが影響を受けた。吉田松陰の「松陰」という号は、彦九郎の諡《おくりな》「松陰以白居士」が由来だともいわれている。その松陰の塾生たちが明治国家を造ったのだから、忠君教育で持ち上げるに決まっている。

昭和三年（一九二八）、昭和天皇即位の礼が京都で開かれた。それを記念して、高山彦九郎の銅像が作られたのだ。当時土下座が謝罪の意味だったら、こんな形になるわけがない。立像にすればいいのだから。大正末くらいまでは、土下座に謝罪の意味はなかったのだろう。昭和になってからポツポツと新聞に「土下座してわびた」という記事が出始めるようだ。

しかしこの像は、第二次大戦中の金属供出で昭和十九年（一九四四）に撤去された（いかな忠君愛国のシンボルでも物資不足には勝てなかったわけだ）。

そして昭和三十六年（一九六一）、同じ形で復活した二代目が、現在の像だ。多くの国語辞典で「土下座」が「謝罪」の意味になったのは戦後のようだが、その時期はよくわからない。昭和三十六年の時点でも恭順・畏敬だったのか、それとも意味は変わりつつあったが、初代の形を再現したのか？　だいたい一九七〇年代に入ってからの辞書で「土下座」に謝罪の意味を載せ始めているようだ。

土下座の意味がすっかり謝罪になってしまった現在、高山彦九郎像に対して「あれは土下座じゃない、拝礼だ」と訂正する人もいるが、実は「あれは土下座（謝罪）じゃない、土下座（恭順・畏敬）だ」ということになる。通称は間違っていないのだ。

もう一つ、我々が時々目にする土下座がある。選挙の最終盤になると、時として候補者が支援者に向かって「お願いします！」とやるアレだ。奥さん共々土下座することもある。

「なんで選挙で土下座なんだ？」と思うし、「あんな見え透いたパフォーマンスで票を入れる人がいるのか？」とも思う。こっちとしては「嫌なものを見せられてしまった」という感想しかない。が、毎回やる候補者がいるのを見ると、きっと一定の効果があるのだろう。

あの土下座は「恭順・畏敬」というより「懇願」だろう。それとも、当選後なんらかの悪事を働くことを、あらかじめ先に「謝罪」しているのか？

いずれにせよ、土下座することですべてが許されるとか、パワハラとして土下座させるという古くからの伝統はない。

土下座が謝罪の意味を持ち始めて、約九十年。
国語辞典にそれが載り始めて、約五十年。
ドラマ「半沢直樹」の土下座から、約七年。

喪服の色に、白黒をつける

人はみんな、いつか死ぬ。

残された人々は悲しい。宗教儀式はいろいろあるが、故人を送り、偲《しの》ぶ会は行われる。その時に何を着るか？　要するに、喪服だ。

『隋書倭国伝《ずいしょわこくでん》』（六二九年）には、「素服と呼ばれる白い喪服」を着ているという描写がある。『日本書紀』にも、斉明天皇崩御の時（六六一年）、皇太子・中大兄皇子《なかのおおえのおうじ》が素服を着用したとある。七世紀に、喪服は白だった。

奈良時代に入り、『養老律令《ようろうりつりょう》喪葬令』（七一八年）で、

「天皇は、二親等以上の葬儀に際し、錫紵《しゃくじょ》を着る」

と定められた。これは喪葬令のお手本とした、唐の制度から持ってきたもの。

「紵」とは麻布のこと。唐では、「錫紵」とは白い麻布を指していた。

ところが日本は文献だけでそれを学んだので、「錫は金属のスズのことだから」と

「薄墨」にした。外国の制度を文献だけで輸入する悲しさである。島国日本は、これ以降もいろいろな分野で、似たようなことをする。

それはともかく、平安時代は、天皇にならい貴族たちも、喪服は黒系統になる。通常の服の上に、薄墨の衣を重ねて、喪服とした。故人と親しい関係ほど濃く、遠い関係ほど薄く染めるという定めもできた。

現在も僧侶《そうりょ》の喪服は鈍色《にびいろ》（濃い灰色）だが、それはここを源流にしているという。

しかし室町時代あたりに、再び喪服は白となる。理由は、よくわからない。黒い喪服を着ていたのは上流階級だけで、実は一般の庶民はずっと白のままだったとも言われる。薄墨とか黒は染料が必要で、手間がかかるからだ。武家の時代に入り貴族の力が衰えたので、再び庶民の白い喪服の文化が上流階級にも復活したのではないか、とも言われる。

以来、江戸時代もずっと喪服は白だった。

明治に入っても、変わらない。

しかし、文明開化で西洋の黒の喪服文化に接する。早く西洋化することで世界に並びたい明治政府が、気にしないわけがない。

明治十一年（一八七八）、大久保利通の葬儀には、多くが黒の大礼服で出席した。明治三十年（一八九七）、英照皇太后（明治天皇の嫡母《ちゃくぼ》）の大喪の礼の時、外国人参列者を迎える葬儀であったため、西洋の常識に合わせ、喪服は黒とされた。大正元年（一九一二）、明治天皇崩御に際し、黒の喪服の着用が決められた。

このあたりから、上流階級の喪服は黒となった。理由は西洋化だ。しかし、平安貴族の時と同様に、庶民はまだ白だった。

大正から昭和にかけて、一般の間にも黒い喪服が定着していく。理由は、近代のたび重なる戦争で葬儀が多く行われるようになり、汚れの目立たない黒になっていったのではないか、とも言われる。悲しい理由だ。

喪服が「白」だったのが、約千三百九十年前。
喪服が中国風に、上流階級で「薄墨」になって、約千三百年。
喪服が再び「白」になって、約六百八十年。
喪服が西洋風に、上流階級で「黒」になって、約百五年。
喪服が一般も「黒」になって、約九十年。

告別式は葬式か？

中江兆民といえば、明治の思想家・言論人。ルソーの「社会契約論（民約論）」を訳したことで有名だ。自由民権運動の理論的指導者だった。

翻訳を行ったり、外国語大学の校長になったり、新聞の主筆になったり、役人になったり、議員になったり、北海道に渡って実業家になったが成功しなかったり……と、いかにもこの時代の人らしく、いろんなことをやっている。

明治三十四年（一九〇一）四月、滞在中の大阪で喉頭癌《こうとうがん》の診断を受ける。余命一年半の宣告を受けた。そこからが、さすが幕末・維新の荒波をくぐって来た言論人だ。九月に『一年有半』という本を書いて、ベストセラーにしてしまう。

療養の間にかかれたエッセイであり、政治経済論、社会批判、演劇論といった内容だが、当然あちこちに自分の死への思いも書かれている。「残された一年有半を使って、死ぬまで筆を走らせたい」という覚悟も述べられている。これが売れないわけがない。

墓地や宗教についても触れていて、「人が死ねば墓地ばかりが増えて、宅地や耕地を侵食する。自分の場合は、火葬した骨と灰を海中に投棄してほしい」と述べている。

そして十月、『続一年有半』を書く。本文中に「余は断じて無仏、無神、無精魂、即《すなわ》ち単純なる物質的学説を主張する」とある。こっちのほうは哲学的で無神論なところが、受け入れられなかった。

十一月、中江の病床へ、真言宗僧侶の雲照律師がやってくる。無神論の中江は妻を通して再三断っていたが、この日はどうしてもということで通した。雲照律師が枕元《まくらもと》で加持祈禱《かじきとう》を行い、中江は仏教に帰依《きえ》したという記事がある。これに対して、板垣退助などが憤慨し、中江の死後「とんでもない、怒って追い返したのだ。中江兆民は無神論のまま死んだ」と反論した。

十二月十三日、中江兆民は亡《な》くなった。五十四歳。余命宣告の一年半もたなかった。なにしろ無神論・無宗教の中江だ。葬式は行われない。遺言では「死んだらすぐ火葬場に送って茶毘《だび》に付せ」とあった。彼の二冊の著書を読めば、もっともなことだ。

そこで葬儀の代わりに、彼の死を悼《いた》んだ人たちによって、十七日、青山墓地で行われたのが、日本初の「告別式」だ。

中江兆民、雲照律師、板垣退助とも、当時の有名人だ。ベストセラー『一年有半』もある。この新式の「告別式」が、話題にならないわけがない。

それまで、葬儀で一般会葬者の焼香を受ける習慣はなかったが、これを機に「告別式」という方式が認知され、大正時代には普及することになるのだ。

中江の例からわかるように、葬式は僧侶が主導するもの、告別式は葬儀があろうとなかろうと、故人に別れを告げ、参列者・社会に挨拶《あいさつ》をするもの。告別式は、葬式の一部ではないのだ。

だがのちに、葬式の一部が告別式のようになり、伝統ある宗教儀式のようになっている。泉下の中江兆民はどう思っているだろうか？　無宗教だから、そんな場所にはいないのかもしれないが。


告別式が始まって、約百十五年。

告別式が一般的になって、約百五年。

＊＊＊

こうして見ると、家庭の中における「日本の伝統」は、「明治期」か「戦後高度成長期」にできたものが、結構多いとわかる。物語の世界でいうと、小説『坂の上の雲』の時代と、映画「ＡＬＷＡＹＳ　三丁目の夕日」の時代だ。ともに、日本が上り坂だった時代。もっとも、当時の人たちが「今はいい時代だ」と思っていたかどうかは別。あくまで、のちの世から見れば「昔はよかった」と思える時代のことだ。

伝統とは、「昔はよかった」と思える時代を起点に、「それ以前からもずっとそうであった」という願望も含めて、再設定される。

そういえば明治維新も、はるか昔の天皇親政時代を起点に、「王政復古」なる伝統を掲げたのであった。

第三章　「江戸っぽい」と「京都マジック」

明治時代と、その前の江戸時代の間には断絶がある。人は、大きな区切り以前のことはブラックボックスに入れてしまい、細かく考えないものだ。「江戸時代」と簡単にくくっていうが、二百六十五年（一六〇三〜一八六八）もあるのに。

よく知られているように、この間に徳川将軍は十五代ある。天皇も十五代替わっているのだ。自分の十五代前のご先祖、あるいは十五代後の子孫のことを想像してみよう……と思っても、想像すらできない。それくらい長い期間なのだ。

だから「江戸時代からの伝統」という場合、「家康の頃から」と「幕末から」とでは、大きな違いがある。が、人はそこにあまり疑問をいだかない。なんとなく「江戸っぽい」というだけで、古い伝統があるように思う。

そして「京都」はそれよりもさらに古く、ほとんど思考停止に至らせるほどの、伝統感がある。

「江戸しぐさ」はいつから？

「傘かしげ」……傘をさした人同士がすれ違う時のしぐさ。相手を濡《ぬ》らさないように、お互いの傘を傾ける。

「肩引き」……狭い道ですれ違う時のしぐさ。お互いに右の肩を後ろに引いて、相手にぶつからないようにする。

「こぶし腰浮かせ」……複数の人が一緒に座る時のしぐさ。みんなが腰を浮かせ、こぶし一つ分詰めて、場所を作る。


このへんが、「江戸しぐさ」の有名なところだ。そういえば、どこかで見たこと、聞いたことがあると思う方も多いだろう。

マナーとして、言わんとするところはわかる。が、「これら江戸しぐさは、江戸時代から、江戸の商人の間で連綿と伝えられてきた」ものであり、その数は「二百、いや八百、いや八千もある」――と言われると、なんだか頭の中に〝？〟が浮かぶ。そんなのこれまで聞いたこともないし、数がだんだん増えているし……と。

そんなに多くあって、江戸時代から続いてきたのに、どうして今まで知られていなかったのかというと、「明治政府が弾圧したから。当時大規模な『江戸っ子狩り』が行われ、みんな地方へ逃れて『隠れ江戸っ子』となった。その手引きをしたのが勝海舟。『江戸しぐさ』の基本は口伝で、書き残すことを禁じられていた。覚書などの文書も、薩長《さっちょう》勢力に渡すことを拒んで焼き捨ててしまったので、一切記録に残っていない」――となると、頭の中はさらに〝？？？〟となる。これはマジで言っているのか？

オモシロで言っているのか？

他にも「江戸しぐさ」の説明には、

「江戸ソップ」……相撲でソップ型というのと同じ語源の、スープのこと。（↑当時観賞用だったはずのアメリカ大陸原産のトマトまで入れて煮込んでいる！）

「後引きパン」……おいしくて後を引くパンのこと。上等なものは、ショコラ（チョコレート）が入っていたという。（↑当時、チョコは飲み物のはずだが……)

――などのように、さらにさらに〝？・？・？〟となる。歴史的・生活史的に、ちょっと考証や設定が杜撰《ずさん》ではないか……と。

「江戸しぐさ」に関しては、複数の方が詳しく検証をしている。ここで労作『江戸しぐさの正体』（原田実・著）を中心に、その流れを簡単にまとめておこう。

まず、「江戸しぐさ」という言葉が最初に現れたのは昭和五十六年（一九八一）の読売新聞。今のところ、それ以上は遡《さかのぼ》れない。言い出したのは、芝三光《しばみつあきら》という人。本名は小林和雄（一九二八～一九九九）。江戸しぐさを伝える「江戸講」なるものの伝承者だという。しかし、江戸しぐさのいくつかには、江戸時代ではありえない内容も語られている。

平成三年（一九九一）、芝に越川禮子氏が入門。芝没後の平成十九年（二〇〇七）に、桐山勝とともに「NPO法人　江戸しぐさ」を立ち上げた。

この越川氏に師事し、「NPO法人　江戸しぐさ」の理事だった山内あやり氏が、平成二十七年（二〇一五）に立ち上げたのが「一般社団法人　日本江戸しぐさ協会」。

さらにこれとは別に平成二十六年（二〇一四）にできた「一般社団法人 芝三光の江戸しぐさ振興会」という組織もある。こちらは、やはり芝の弟子だった和城伊勢氏が立ち上げた。

この三団体が独自に、あるいは協力して、講演、展示会、講座……を開き、書籍を出版して、江戸しぐさの普及につとめている……ということのようだ。

さて、私が最初に「江戸しぐさ」なるものを知って疑問に思ったのは、

「そんなもの、日本史の本に一回も出てこないぞ」

ということ。

私はこれまでに数冊の日本史本を書いている。もちろんそのために、何十倍もの日本史に関する本を読んだ。硬軟取り混ぜ、雑学本もだ。いくらなんでも、どこにも一回も出てこないということがあるだろうか？

そしてもう一つ、

「落語にも、一回も出てこないぞ」

落語をあまり聞かない方はご存知ないと思うが、あの芸は、「人づきあい、挨拶《あいさつ》の仕方、商いの道、処世術、世間の知恵、教養……などを笑いにまぶして庶民に教え

る」という側面も持っている。「江戸しぐさ」が口伝によってマナーを教えるものなら、一番それが残っているはずの芸なのだ。

が、どんな噺《はなし》の中にも、「傘かしげ」も「こぶし腰浮かせ」も「江戸ソップ」も出てこない。まさに口伝によって代々師匠から噺を教わってきた落語家さんたちも、「そんなもの、聞いたことがない」という反応だった。

まあ、「江戸っ子狩り」なんて物騒なことがあり、書類を全部焼き捨てたのならそうかもしれない……が、証拠が残っていない理由として、これはちょっと乱暴ではないか？

「江戸しぐさ」が一気に広がった理由として、次の三点があると見ている。

①江戸ブームにうまく乗った

一九八〇年代後半から「江戸ブーム」が起きた。杉浦日向子《ひなこ》、田中優子、石川英輔らを中心にしたこのブームは、武士世界ではなく江戸庶民の暮らしを再評価するものだった。江戸の町のエコロジー度の高さや、食の豊かさ、趣味生活の楽しさ……などを持ち上げ、江戸時代の江戸という町は、ほとんどユートピアみたいに語られた。NHKで「コメディー　お江戸でござる」という番組が始まるのが平成七年（一九九五）。

この流れは、江戸開府四百年の平成十五年（二〇〇三）に向けて盛り上がっていった。ひとことで言えば「昔はよかった」なのだが、その「昔」は、誰も見たことがない昔なのだ。

②専門家は、疑似科学・偽史に口を出さない

一般論でいうと、疑似科学（UFOや永久機関や、こっくりさんなど）や偽史（超古代文明や都市伝説、陰謀論など）は、専門家から見ればあまりに馬鹿馬鹿《ばかばか》しい。ささいなことだし、放っておけば消えてしまう……と思うので、いちいち否定する気にならない。それに、キチンと対応したところで信奉者からは反感を買うし、専門家の間で評価されることもない。関わり合いにならないほうが、得なのだ。だが、放っておけばそれは大きな流れになる。疑似科学・偽史・火事は、小さいうちに消し止めておいたほうがいいのだ。専門家は面倒がらず、早い段階で一つ一つ丹念に否定しておくことも必要だと思う。娯楽としての疑似科学・偽史（SFや、映画・ドラマや、トンデモ本など）と、事実とは別物……なのだが、それを混同してしまう人は意外に多い。

「江戸しぐさ」はマナー広告や、社員教育、さらには学校教育の現場にも受け入れられたのが特徴的だ。おそらく、採用する人々は、それが本当に江戸時代からの伝統なのかどうかについて、あまり考えていない。心の底にあるのは、「いいことなんだから、史実についてはどうでもいいではないか」だと思う。道徳的な物語には、こういう反応をする人が多い。しかし、道徳を説く人たちが、そういう道徳観でいいのか？

③道徳はいいものだ

かつて『一杯のかけそば』という本の大ブームがあった。道徳の本にありそうな、いわゆる「いい話」「泣ける話」だ。「実話」だという触れ込みだったが、それにしては辻褄《つじつま》の合わない点があった。やがて、作者の詐欺《さぎ》疑惑などがあって、ブームは急速に終焉《しゅうえん》した。

現在もSNS上で、「一見ヤンキー風のお兄さんが優しい行為をした」とか、「余命わずかな○○が残した××」などの美談が、「実話」だという触れ込みで回ってくる。それに「いいね！」をし、シェアする人たちは、「いい話なんだから、事実かどうかは気にしない」と、いたって無頓着《むとんちゃく》だ。

この手の「いい話」は、「実話」の肩書をはずして読むと「安易な大衆演劇話」のケースが多い。ここで急いで付け加えておくが、大衆演劇話が悪いと言っているのではない。フィクションで勝負できないから「実話」だと偽るのはたちが悪い、と言っているのだ。

道徳、気配り、マナー……などを訴えたい気持ちはわかる。が、そこに無理に「江戸っぽさ（伝統）」をからめなくてもいいのではないか？

江戸しぐさは、約三十五年。

（意外に長い。あと三十年あれば、世代が二周目に入り伝統感が増すだろう）

「古典落語」はいつから古典になったのか？

落語は、古典芸能と呼ばれる。

伝統芸能とも呼ばれる。

だから、「古典落語」なのか？

面白い話を語る人（職種）の歴史は古い。古代は「語部《かたりべ》」。これは特段面白いことを言うわけではないだろうが、語りの担当職で、やがて祝詞《のりと》みたいになって宮廷行事に取り入れられる。殿様の側にいて面白いことを言う連中は、室町時代には「同朋衆《どうぼうしゅう》」、戦国時代には「御伽衆《おとぎしゅう》」と呼ばれた。目新しい話、昔の話、情報、噂話《うわさ》……などを伝える雑談相手、相談相手で、その中には当然、笑える話もあるわけだ。

豊臣秀吉の時代に安楽庵策伝《あんらくあんさくでん》という坊さんがいた。説教がうまくて、笑いも取る。こういうタイプの坊さんというのは、昔からいるものだ。この人が、江戸時代に入ってまとめた『醒睡笑《せいすいしょう》』（一六二三または二八年）という本には、今に伝わる色んな落語の元ネタが入っている。なので、安楽庵策伝は「落語の祖」と呼ばれる。

江戸時代に入ってほぼ百年後の延宝から元禄《げんろく》にかけ（一七〇〇年あたり）、京都では初代露《つゆ》の五郎兵衛《ごろべえ》が辻で、大坂では初代米沢彦八《よねざわひこはち》が神社境内で落語を始めた。ほぼ同じ頃、江戸では鹿野武左衛門《しかのぶざえもん》が座敷で落語を演じた。上方落語が万事賑《にぎ》やかで道具も使い、江戸落語がしんみりとした人情噺を好むのは、この「辻」と「座敷」という生まれた場所の違いによるのだろう。誕生時の事情が現在につながっているのが面白い。なので、露の五郎兵衛は「上方ばなしの祖」、米沢彦八は「大坂落語の祖」、鹿野武左衛門は「江戸落語の祖」と言われる。落語界、色々と「祖」が多い。

このあたりで、客からお金をとる「芸能」になってきた。なるほど、たしかに古典芸能・伝統芸能と言っていいだろう。

江戸の町にはじめて寄席《よせ》ができたのは、寛政十年（一七九八）。その後、寄席はどんどん増え、併せて現在につながる落語家の名跡が続々と誕生する。

……とここまで「落語」と書いてきたが、実はまだその名前はない。当時は「軽口」「軽口ばなし」と言われていたようで、やがて「おとしばなし」と呼ばれるようになった。「落語」と書いても「おとしばなし」と読んでいた。「らくご」と音読するのは江戸時代後期。しかも知識人の間で行われたというから、おそらくインテリのカッコつけた言い方だったのだ（今は逆に、通はカッコつけて、「落語」ではなく、あえて「噺《はなし》」なんて呼んだりする。結局昔に戻っているのが、面白い)。一般の人が「落語＝らくご」と呼ぶようになるのは明治二十年代というから、ずいぶん新しい。

では「古典落語」はどうなのか?

普通の方が「落語」でイメージするのは、「熊《くま》さん、八っつあんが長屋で暮らし、ご隠居さんが出てくる世界」だろう。当然、江戸時代の話だ。出てくるお金の単位は十六文とか、五十両というもの。

が、一方で、「人は人力車に乗り、出てくるお金は十円とか五十銭……」という落語もある。これは明治時代だ。

「ははーん。江戸時代が古典落語で、明治以降が新作落語というものだな」と思うかもしれないが、それは違う。両方とも「古典落語」なのだ。

幕末から明治にかけて、初代三遊亭圓朝が出現。「芝浜」「文七元結《ぶんしちもっとい》」「真景累ケ淵《しんけいかさねがふち》」「牡丹灯籠《ぼたんどうろう》」「鰍沢《かじかざわ》」「死神」など、今も演じられる名作を作りまくった。圓朝は「落語中興の祖」「近代落語の祖」と呼ばれる(やはり「祖」が多い)。

今や年末の特別な落語みたいにえらく格上げされてしまった「芝浜」だって、せいぜい幕末・明治にできた噺。「死神」など、グリム童話からの翻案だ。が、このへんの落語も、バリバリ「古典落語」。大正時代にできた落語でも「古典落語」だ。「猫と金魚」という落語があって、これは「のらくろ」の田河水泡が作ったもの。昭和初期だ。これを「古典落語」に入れる人もいる。古典の定義は、ずいぶんザックリしている。

戦後、アンツルこと安藤鶴夫という落語・文楽・歌舞伎《かぶき》・演劇評論の重鎮がいた。彼が「古典落語」の命名者だと言われる（昭和二十九年、NHKで「古典落語を聴く夕」という番組を作った時）。……が、調べてもこういう番組は存在しないという説もある。昭和二十三年（一九四八）の「第四次落語研究会」のパンフレットに今村信雄（落語研究家）が書いたのが最初ではないか、とも言われる。いろいろと謎《なぞ》は多いが、戦後の命名であることは間違いない。

「古典落語」が誕生したことで必然的に、新しいものは「新作落語」「創作落語」と呼ばれることになる。アンツルの新作落語嫌いは有名で、爆笑派、珍芸派も嫌い。しょっちゅう悪口を書いた。

落語なのに、爆笑させて悪口を書かれるとは、当の落語家も釈然としなかっただろ

う。それに「古典も、できた時は新作だった」という、もっともな反論も根強くある。たしかに、江戸時代に、

「えー、本日は、お古い安土桃山時代のお話を……」

とはやってないのだ。「着物を着て座布団《ざぶとん》に座る」という世界は、落語家もお客さんも共有していたので、落語にことさらの古典芸能感はなかっただろう。

安藤鶴夫がもし明治初年に生まれていれば、圓朝の「芝浜」も「文七元結」も新作になるのだが、どう評価したのだろうか？

もっとも、アンツルが伝統、古典、正統性……をことさら持ち上げたのに、理由がないわけではない。現在でも多く開かれる「ホール落語」は安藤鶴夫が始めたもの。落語を寄席から引っ張り出し、「劇場なみのイスにかけて、音楽会のようなふんいきを持つ会場」で「鑑賞」することで、落語と落語家の社会的地位を上げようという目論見《もくろみ》があった。当時、寄席は「悪所」だったのだ。

そういえば、前述の「落語研究会」という名前もずいぶん肩肘《かたひじ》張ったものだ。第一次は明治三十八年（一九〇五）だから、かなり早い。講談・落語速記者の今村次郎（前出の今村信雄の父）が始めた。録音機材のない時代、速記者の地位は高かったのだ。

この会は、袴《はかま》の着用が決まりとなっているのがユニークだった。なぜか？　実はそ

れまで「講談は一流芸だから袴をつけていいが、落語は二流芸だから袴をつけられない」という考えがあったという。なので、ちゃんとした芸であることを主張したいゆえの袴であり、研究会という堅い（それでいてシャレがきいている）名前なのだろう。

つまり、当時地位が低かった落語という芸を格上げしたいがための「古典落語」という伝統感アピールがあったのだ。もちろんアンツル自身の好みと、「昔はよかった」もあると思うが。

評論家やプロデューサーや興行主が落語の古典感、伝統感をことさらに打ち出すのは、営業政策としてわかる。だが、（ほぼ）格上げが成ったのちの現在、当の落語家自身といわゆる落語通が、その考えに搦《から》めとられて身動きできなくなってしまう――という弊害も生んでしまった。

落語の誕生から、約三百二十年。
寄席の誕生から、約二百二十年。
「芝浜」「文七元結」などの誕生から、約百五十年。
「落語」という名になって、約百三十年。
「古典落語」の誕生から、約七十年。

忍者はいたのか？

いつの時代でもどこの国でも、戦争にあたって正規軍とは別に、諜報《ちょうほう》活動や破壊工作、奇襲攪乱《かくらん》、暗殺などを専門にする個人や集団はいた。いるに決まっている。現代だって、いる。スパイ、エージェント、スナイパー、ゲリラ……などだ。

日本では昔から、乱波《らっぱ》、素破《すっぱ》、草、軒猿《のきざる》、間者、しのび……など、色々な名前で呼ばれていた。要するに、のちの世の忍者だ。名前はともかく、存在は間違いない。

忍者は、争い事がある時代には引く手あまた。戦国時代には大活躍した。だが、世の中が落ち着くと、次第に出番がなくなってしまう。江戸時代に入って六、七十年も経《た》つと、だんだん忍者の存在価値が薄くなってくる。しかし、一つ上の世代までは大活躍していたわけで、「このままでは技術の伝承が途絶えてしまう」と危機感を持つのは、どこの業種・業界でも同じだ。

そこで、伊賀の忍者・藤林長門守の子孫で藤林佐武次保武なる人物がまとめた本が『萬川集海《まんせんしゅうかい》』（一六七六年）だ。これは、伊賀・甲賀の代表的な忍者十一人が考案した忍術・忍器、さらにその他の流派にも触れ、忍術全般を系統的、具体的に著述している。やがてのちの世の、さまざまな忍者もののエンターテインメントのネタ本になる。

幸いなことに、江戸時代はその後も平和が続く。すると一七六〇年代あたりから、実態とはかけ離れた忍者・忍術が、芝居や本の中で活躍を始めるのだ。児雷也《じらいや》、飛加藤、石川五右衛門……など。芝居では、一目でそれが忍者だとわからなくてはいけない。だから、黒装束の忍者は人形浄瑠璃《じょうるり》や歌舞伎で、このあたりから出始める。実際にそんなものを着ていたら、「私は怪しい者です」と自己申告しているようなものだ。

やがて明治の末から大正にかけて、「立川文庫」が大ブームとなる。そこに登場する忍者が猿飛佐助、霧隠才蔵など。ここで忍者は、それまでの悪役から正義側になるのだ。これが大きい。やはり正義のヒーローでなければ、その後の人気はない。

ところで、ここまでは「しのび」「忍びの者」などと呼ばれていた。「忍者」となったのは、戦後の昭和三十年代のようだ。

山田風太郎は『甲賀忍法帖《にんぽうちょう》』（昭和三十三年〈一九五八〉に連載開始）以降、忍者ものの大ブームを起こす。

白土三平は『忍者武芸帳』（昭和三十四年〈一九五九〉に連載開始）以降、忍者漫画で人気になる。

司馬遼太郎はのちに歴史小説で国民的作家と呼ばれるが、初期は『梟《ふくろう》の城』（昭和三十三年〈一九五八〉に連載開始）など、忍者もので人気になる。

この一大ブームの中で「くノ一」「上忍・中忍・下忍」などの言葉が一般的になっていくのだが、はたして昔からそんなものがあったのか？

女忍者を「くノ一」と呼ぶのは山田風太郎の発明……と言われている。たしかに、『くノ一忍法帖』をヒットさせたので、さもありなんと思う。が、この表現はすでに『萬川集海』にある。たしかに、情報収集や伝達係に女性がいても不思議ではない。なお、当然ながら、くノ一は赤い忍者装束など着ていない。

色仕掛け専門の「くノ一」なら、山田風太郎の発明と言ってもいいかもしれない。では、「上忍・中忍・下忍」はどうか？

忍者社会を階層分けし、そこに身分制度の趣まで持ち込んだのは司馬遼太郎とも、白土三平とも言われている。しかしこれも、『萬川集海』に「上忍」という言葉がある。ただし、意味は「すぐれた人」ということでしかないし、中忍も下忍も出てこない。

市川雷蔵の主演で大ヒットした映画「忍びの者」の原作は、村山知義の『忍びの者』（昭和三十五年〈一九六〇〉に連載開始）。これは、低い身分である下忍の悲哀をリアリズムで描いた。もともとの連載紙は「アカハタ日曜版」（現「しんぶん赤旗日曜版」）だったから、読者層にも合っていたのだろう。このへんから来たのかもしれない。

「上忍・中忍・下忍の身分制度」は、小説、映画、漫画、テレビドラマ……と怒濤《どとう》のように忍者ものが現れた昭和三十年代に、それぞれの作家、製作者たちの無意識の合作によってできたと言っていいのではないか？

実際に忍者が必要とされていた時代から、時を経て平和になり、現実味がなくなっていくほどに、「忍者」という存在がどんどん荒唐無稽《こうとうむけい》になっていく。海外で人気のNINJAとなると、もはや別物だ。

だが、「女という漢字を分解して、くノ一」（元々「女」をあらわす表現だが「忍者」とは関係ない）とか、「上忍・中忍・下忍の身分制度と悲哀がある」などともっともらしいことを言われると、ぐっと伝統感が増すのだ。

ネタ元の『萬川集海』だと、「忍芸は、ほぼ盗賊の術に近し」……とミもフタもないが。

忍者大活躍時代から、約五百年。
忍者のネタ元『萬川集海』から、約三百四十年。
忍者が黒装束になって、約二百五十年。
忍者が正義側になって、約百十年。
「忍者」という名前、色仕掛けの「くノ一」、「上忍・中忍・下忍」から、約六十年。

「都をどり」の京都マジック

京都の春の風物詩に「都をどり」がある。祇園《ぎおん》の舞妓《まいこ》、芸妓さんたちの、

〽都をどりは　ヨーイヤサー

の華やかな掛け声は有名だ。

なにしろ千年の都・京都だし、さぞや昔からやっているに違いない……と思う方も多いだろう。

その千年の都が終わったのは、明治維新だ。京都の方はいまだに遷都《せんと》とは言わず奠都《てんと》と呼びたがるが、まあ、実質的に東京遷都となったのは、明治二年（一八六九）。すると、

「都でなくなったら、京都は寂れてしまう……」

と、京都人の恐怖は大きかった。

当時の合言葉は、

「第二の奈良になるな」

失礼な話だ。まあ、平城京から繁栄を奪った平安京側としては、身に染《し》みてわかっていたのだろう。その当時から千年以上も昔のことだが。

国（東京の新政府）としても、都を取り上げた負い目があるから、京都に対して数々の優遇策、産業振興策を行った。その一つが博覧会だ。明治五年（一八七二）、「第一回京都博覧会」が開催される。前年に行われたそのパイロット事業時のビラにはこうある。

「西洋諸国に博覧会として、新発明の機械古代の器物等を普《あまね》く諸人に見せ、智識《ちしき》を開かせ、新機器を造り、専売の利を得さしむる良法に倣《なら》ひ、一会を張らんと、御庁に奉願、和漢古器珍品を書院に陳列し、広く貴覧に供せんことを思ふ…………」

……いかにも堅い。

博覧会は十月に開催される。が、その余興、というか前あおりとして三月～五月に、祇園・松の屋にて開催されたのが「都をどり」だ。踊子三十二名、地方十一名、囃子《はやし》方十名の合計五十三名が、七組七日交替で出演した……という記録が残っている。

言い出したのは、当時の槇村正直京都副知事と祇園万亭《まんてい》（一力亭）の杉浦治郎右衛門、振り付けを担当したのが、祇園・京舞井上流の片山春子（晩年、三代目井上八千代を名乗る)。伊勢音頭の総踊りを参考に振り付けを考え、それまでお座敷の踊りだった京舞が舞台に乗った。

これが大評判で、以来毎年、京都の春は「都をどり」となる。大正二年(一九一三)には、専用劇場として「歌舞練場」ができた。

明治という新しい時代にできた踊りなのだが、「京舞」「祇園」「芸妓」……そしてなんといっても、「踊り」でも「おどり」でもなく「をどり」という言葉で、ぐっと伝統感を醸《かも》し出している。もっとも、当時から「をどり」「おどり」の表記揺れはあったようだ。だがやがて「をどり」に収れんされていく。戦後、現代仮名づかいになっても、あえてそのまま。これぞ「京都マジック」だ。

ちなみに、これに味をしめたのか、京都は明治二十八年(一八九五)に第四回内国勧業博覧会を誘致し、これに伴ってあるものを作り、やはり京都マジックの凄《すご》さを見せつけることになる(詳しくは188ページから)。

東京遷都(奠都)から、約百五十年。
第一回京都博覧会から、約百四十五年。

その余興の「都をどり」は、約百四十五年。
歌舞練場での「都をどり」は、約百五年。

千枚漬けと「京都三大漬物」

京都は漬物で有名だ。色々な種類の漬物があるが、その中で「京都三大漬物」と呼ばれるものがある。

これに限らず、だいたい「三大……」と銘打たれると、中に一つ「む?」と思うものが混ざっていることが多いから、要注意だ。しかも、「京都マジック」があるし。

京都三大漬物は、

しば漬け
すぐき漬け
千枚漬け

「しば漬け」は、「紫蘇《しそ》漬け」ともいい、「紫葉《しば》漬け」とも書く。京都・大原の名産である紫蘇の葉とともに、茄子《なす》、胡瓜《きゅうり》、茗荷《みょうが》などを塩漬けしたものだ。

平安時代の終わり。平家滅亡後、平清盛の娘・建礼門院は大原の寂光院に隠棲《いんせい》していた。壇ノ浦に沈んだ安徳天皇の菩提《ぼだい》を弔うためだ。そこへ里人が差し入れた漬物を、いたく気に入った。大原女《おはらめ》は頭に柴《しば》を乗せて売り歩くことから、「しば漬け」と名付けたという伝承がある。

要するにダジャレなのだが、雅《みやび》な方が言うと、雅な逸話となる。

「すぐき漬け」は、その名の通り「すぐき」を漬けたもの。すぐき菜はカブラの一種。安土桃山時代、上賀茂神社の社家が上流貴族用に栽培していたという。「屋敷菜」「御所菜」という別名を持つことからも、それがわかる。

それゆえに、長い間、製法は門外不出だった。が、江戸時代の終わり、飢饉《ききん》による難民救済のため製法を公開し、庶民に広まったという。

なんだかずいぶんありがたいことのように伝承されているが、民が飢えるまでずっと秘密にしていたのだから、あんまりいい話とも思えない。

平家滅亡とか上賀茂神社とか……どちらも、いかにも京都らしく古い由来を誇っている。が、もう一つはぐっと新しい。

「千枚漬け」は、幕末もギリギリの慶応元年（一八六五）、宮中で料理方を務めていた大黒屋藤三郎が聖護院蕪《しょうごいんかぶら》を使って売り出した。樽《たる》に漬け込む枚数が千枚以上ある、という理由で名付けられた。

白い聖護院かぶらで、御所の白砂を
緑の壬生菜《みぶな》で、お庭の松を
黒い昆布で、庭石を
かぶらの白に、壬生菜を青松に見立て京都御所の瑞兆《ずいちょう》を表しました
……とある。

その後職を退き、「大藤」という店を出して売り出し、評判になった。明治二十三年（一八九〇）、全国名物番付に入選して、「千枚漬け」は新たな京名物となったのである。

ということは……それまでは「京都二大漬物」だったのだろうか？

しば漬けは、約八百三十年。
すぐき漬けは、約四百二十年。
千枚漬けは、約百五十年。
したがって「京都三大漬物」は、約百五十年。

「万願寺とうがらし」の堂々とした伝統感

日本各地には、伝統野菜と呼ばれるものがある。もっとも有名なのが、京野菜だろう。聖護院大根、聖護院蕪、賀茂茄子、山科《やましな》茄子、壬生菜、鹿ケ谷《ししたに》カボチャ、九条ねぎ、伏見とうがらし……など、たいてい地名がついている。さすが「京都マジック」だ。こうした名前だけで、有無を言わさない伝統感がある。

これらは、「京の伝統野菜」とか「ブランド京野菜」という名前で、認定されている。定められたのは一九八〇年代の終わり、と新しい。けれど、古くから京都の地で栽培されてきているのだから、「伝統」を名乗っても問題はない。

さて、この中に「万願寺とうがらし」がある。これも京野菜として有名だ。しかし、実は「京の伝統野菜に準じる」と定義づけられている。準じるって、なんだ？

「万願寺とうがらし」というのは、実に京都らしい名前だ。想像するに……京都のどこかに万願寺という由緒《ゆいしょ》正しいお寺があって、大昔からそこの境内で細々と育てられてきたに違いない。……ところが、京都市内のどこを探しても、万願寺というお寺はないのだ。満願寺ならある。万と満、同じようなものだろうと思うと、これが全然関係ない。

日本海に面した舞鶴市の万願寺地区……という地名がその由来なのだ。地元に満願寺という古いお寺がある、そこから転じた地名だ。京都市ではないが、京都府舞鶴市だ。なので「準じる」なのか?と思うのだが、それも違う。

その舞鶴市万願寺地区で、大正末期から昭和初期にかけて、伏見系のとうがらしとカリフォルニア・ワンダー系のとうがらしを交配して誕生したもの、という……カ、カリフォルニア・ワンダー? 思いっきりカタカナではないか。それで伝統野菜を名乗るには、やはり「準じる」となるよなあと思う。

京都市でもなければ、万願寺というお寺でもなく、カリフォルニア・ワンダー。しかしそれでも「万願寺とうがらし」という名前のよさから、思いっきり京野菜としての伝統感がある。さすが、京都マジックだ。

ちなみに、とうがらしそのものも、そう古くから日本にある野菜ではない。「唐辛子」と書くくらいだから古代に中国から来た野菜……と思うだろうが、それも違う。

コロンブスのアメリカ大陸発見によってヨーロッパに入ってきた野菜はジャガイモ、トマト、トウモロコシなどがあるが、とうがらしもそうなのだ。天文十一年（一五四二）、ポルトガル人が長崎に伝えた。南蛮船が中国の港を経て長崎に持ってきたから、唐辛子。その頃、中国は明なのだが。結構いいかげんな命名だ。

それにしても、アメリカ大陸発見が一四九二年であることを思えば、五十年後にはもう日本に来ているのだ。これは凄い。

舞鶴の満願寺は、約八百年。

とうがらしの日本伝来から、約四百七十五年。

万願寺とうがらしは、約九十年。

万願寺とうがらしが「京野菜」になって、約三十年。

旧国名の伝統感

「江戸」「京都」と似たような効果を持つ言葉が他にもある。しかも、全国に。旧国名だ。

都道府県名は明治以来だから、新しい。が、それ以前の旧国名は古くから使われてきた。甲斐《かい》、信濃《しなの》、遠江《とおとうみ》、紀伊、長門《ながと》……などというあれだ。それぞれに、甲州、信州、遠州、紀州、長州……などの別名もある。山梨、長野、静岡、和歌山、山口……というより、ぐっと伝統感があるではないか。

「讃岐《さぬき》うどん」

四国・香川県の讃岐うどんは全国的に有名だ。もちろん、讃岐とは香川県の旧国名だ。しかし「讃岐うどん」という名前は、意外に新しい。

この地では、古くからうどんが食べられていた。一説によると、空海が中国から持ち帰って伝えた（八〇六年帰国）という。当時のうどんは、まだ麵《めん》の形になっていないけれど。

江戸時代・元禄末の屏風絵《びょうぶえ》には、讃岐・金毘羅《こんぴら》の門前にうどん屋が描かれている。讃岐は良質な小麦と、塩、醬油《しょうゆ》が生産され、イリコがとれることからうどん作りがさかんになったという。

明治になると、年中行事や冠婚葬祭でも、うどんが振る舞われるようになる。

戦後も、各家庭でうどんが消費される。一九六〇年代に入り、喫茶店や他の飲食店にもうどんが置かれるようなった。

だが、まだこの時点で、このうどんには名前がない。現地で作ったものを現地の人が食べるだけなら、特別な名前はいらないのだ。うどんはうどん、そばはそば、ラーメンはラーメン……で十分だから。

では、いったい「讃岐うどん」の名付け親は誰なのか？……という疑問には諸説が入り乱れている。元朝日新聞記者・郷土史家の山田竹系だという説もあれば、彫刻家・流政之だという説もある。ことさらひねった名前でもないので、同じ頃に複数が思いついて、それが定着したのかもしれない。が、時期はわかっている。一九六〇年代だ。

その直後に、「第一次讃岐うどんブーム」なるものが来る。昭和四十五年（一九七〇）の大阪万博だ。ここで、京樽が「讃岐うどん」というメニューを出す。昭和四十九年（一九七四）には加ト吉（当時）が、冷凍讃岐うどんを発売。ここで「讃岐うどん」という名前が全国区になったのだ。

これがもし「香川うどん」というネーミングだったら、どうなっていたかわからない。「讃岐うどん」だから、讃岐国の昔からずっとある名物だと思えたのだ（信州そば・信州味噌《みそ》だって、それぞれ長野そば・長野味噌だったら、これほど全国ブランドになっただろうか？）。旧国名の伝統感は凄い。

その後、何度かの讃岐うどんブームを経たのち、平成二十三年（二〇一一）にはとうとう、香川県は「うどん県」宣言を行ってしまうのだ。まさに「恐るべき讃岐うどん」！

「**筑前琵琶**《ちくぜんびわ》」

琵琶という楽器がある。起源は古代ペルシアのようだが、中国経由で日本に伝わった（西に伝わったものがリュートになり、ギターになる）。正倉院宝物に「螺鈿紫檀《らでんしたん》五絃琵琶」という見事な品がある。これは遣唐使・吉備真備《きびのまきび》が伝えたという説があるから、奈良時代には日本に伝わっているわけだ。十分に古い伝統楽器だ。

楽器はたいてい、その形状・奏法・曲想などでいくつかの流派に分かれる。琵琶もそうだ。ふつう「平家琵琶、薩摩琵琶、筑前琵琶などがある」と書かれることが多いのだが、実はここに盲点がある。

平家琵琶はその名の通り、平家物語を語る時の伴奏楽器だ。〽祇園精舎《ぎおんしょうじゃ》の鐘の声〜というあれ。すでに琵琶法師は平安時代から存在しており、平家物語を語り始めるのは鎌倉時代からという。

室町時代末期にそこから分かれたのが、薩摩琵琶。その名の通り、薩摩の島津家が武士の道徳教育の目的で広めさせたのが始まりとされる。

ところが筑前琵琶はそれよりずっと遅く、明治二十年代にできた。福岡県の橘智定《たちばなちてい》（初代・旭翁《きょくおう》）らが始め、大正時代には薩摩琵琶と並ぶ二大流派となった。福岡だから筑前。間違いはない。が、「福岡琵琶」でなく「筑前琵琶」だと、さながら琵琶法師の昔から存在しているような気がしてくるから、旧国名の威力は凄い。

「越前竹人形」

竹細工は、全国の竹の産地なら、たいてい昔からある。籠《かご》、花器、玩具《がんぐ》、人形……。昭和三十八年（一九六三）、福井県出身の作家・水上勉が『越前竹人形』という小説を発表した。話題になり、すぐに映画やドラマ、そして舞台になり、大ヒットした作品だ。福井県（越前）には昔から越前竹人形なるものがあって、それを題材に書いたのか……と思うだろうが、そうではない。もともと福井にそんなものはなく、

「すべて空想の所産だ」

と本人も書いている。

これに刺激され、福井県に「越前竹人形」という民芸品が生まれた。前述のようにもともと籠や、玩具の人形はあったのかもしれない。それが、名前と、バックボーンとなる物語を得たわけだ。

どんなに名作の小説でも、読まれなければ、人の目に触れない。次第に忘れられていく。一方、モノとしての民芸品はずっとそこにある。NHKの朝ドラの放送が終わっても、その名前を冠した饅頭《まんじゅう》はずっと地元に残るようなものだ。饅頭だとドラマを元にしたとわかりやすいが、民芸品だとわかりにくい。かくしてやがて、昔からあった人形を元に小説ができた……と思われるようになるのだ。

民芸品は、続くうちに技術は向上し、発展し、名作も生まれていくだろう。地元経済に寄与するところもある。福井県出身の水上勉は、泉下で喜んでいるかもしれない。

福井県では、経産大臣指定の「伝統的工芸品」として「越前漆器」「越前和紙」「若《わか》

い。

狭途《さぬり》」……などの七件が指定されている。それとは別に、二十九件の「福井県郷土工芸品」というものがある。平成六年（一九九四）、越前竹人形がそれに指定された。

小説の題名が「福井竹人形」だったら、こうなったかどうか。旧国名の伝統感は凄

「ブランド和牛」

日本三大和牛は、「近江牛《おうみ》」「神戸牛」「前沢牛」「松阪牛」「米沢牛」……と言われている。三大と言いながら三つ以上あるのは、「日本三大」「世界三大」のお決まりなので、今さらどうこういう気はない。

ところで、日本では昔から、建前としては肉食を行っていない。だが、もちろん全然食べないわけではない。江戸時代は「薬食い」といって猪《いのしし》や鹿《しか》の肉を食べていた。彦根藩など、牛肉の干し肉や味噌漬けを「養生薬」の名目で将軍家などに贈っていたという。なんだかずいぶん都合のいい話だ。

肉食が一般的になるのは、文明開化の明治以降だ。誰でも知っている。なのに、近江牛や但馬《たじま》牛といった、いかにも古い名前のブランド和牛があるのはどういうわけだ？

もちろん、牛は昔から日本にいた。『続日本紀《しょくにほんぎ》』（七九七年）には「出雲《いずも》牛、五島牛、但馬牛」の名前が出てくる。但馬牛など、馬なのか牛なのか紛らわしいが、現在の兵庫県北部・但馬国の牛だ。

鎌倉末期には「国牛十図」という図鑑みたいな本があって、ここに出てくる牛は「筑紫牛」「御厨《みくりや》牛（肥前）」「淡路牛」「但馬牛」「丹波牛」「大和牛」「河内牛」「遠江牛」「越前牛」「越後牛」。他に「出雲牛」「石見《いわみ》牛」「伊賀牛」「伊勢牛」も。

これらは、まあ、筑紫の牛、淡路の牛……というようなものだろう。基本は農耕用で、現在の食用ブランド和牛とは違う。

こうした日本各地の在来種と、明治になって外国から入ってきた牛をかけあわせ、だんだん出来上がってきたのが、現在の和牛なのだ。それが「黒毛和種（黒毛和牛）」「褐毛和種」「日本短角種」「無角和種」の四種類で、和牛の九割が黒毛和牛だ。近江牛、但馬牛、飛騨《ひだ》牛、伊賀牛……などが有名。

ところで、神戸牛も松阪牛も、実は但馬牛なのだという。しかも、現在日本全国の黒毛和牛の九十九・九％が、但馬牛「田尻《たじり》号」の子孫だという。なんだ、田尻号って？

昭和十四年（一九三九）、旧国名但馬国である兵庫県美方郡《みかたぐん》香美町《かみちょう》（当時は小代村）

の田尻松蔵の元に、雄牛「田尻号」が生まれた。この牛は肉質に関する遺伝的能力が優れ、昭和二十九年（一九五四）まで多くの子孫を残したのだ。

ということは、ブランド和牛の歴史とは、ほとんど但馬牛「田尻号」の歴史ではないか。なにしろ「黒毛和種」という名前が確定したのは昭和十九年（一九四四）で、田尻号より新しいのだから。

はじめて聞くブランド和牛でも、旧国名が冠してあれば、「昔から食べられているんだろうな」「さぞやうまいんだろう」という気がしてくる。「旧国名＋牛」というネーミングの威力だ。

いや、牛だけではない。「旧国名＋焼き」（陶磁器）、「旧国名＋塗り」「旧国名＋染め」「旧国名＋細工」（工芸品）、「旧国名＋野菜」……など、たいていのものは、こう名乗れば、たとえ新しくても伝統感が増すのだ（もちろん、実際に旧国名時代から続いているものもある）。先に述べた「讃岐うどん」「越前竹人形」も同じ。

なんなら、「近江パソコン」「飛騨ロケット」とかでも、うっかり「昔から続いているんだろうなあ」と思ってしまうほどだ。やはり、旧国名の伝統感は凄い。


空海がうどんを伝えて、約千二百十年。

讃岐でうどん店が盛んになって、約三百二十年。
「讃岐うどん」になって、約五十年。
うどん県になって、約十年。

琵琶が日本に伝わって、約千二百八十年。
平家琵琶ができて、約七百年。
薩摩琵琶ができて、約四百五十年。
筑前琵琶ができて、約百三十年。

小説『越前竹人形』から、約五十五年。
民芸品「越前竹人形」も、約五十五年。
郷土工芸品「越前竹人形」になって、約二十五年。

但馬牛は、約千二百二十年。
牛肉食が一般的になって、約百五十年。
但馬牛・田尻号が生まれて、約八十年。

「黒毛和種」という名前が確定して、約七十五年。

＊＊＊

一般に、人は一世代前に反発し、二世代以上前には好意を持つ。子は親には反発するが、お祖父《じい》ちゃん・お祖母《ばあ》ちゃんとは仲がいいのと同じ。近すぎる古さはダサいが、もっと古くなると味が出てくるわけだ。

歴史区分で言うと、「戦後」はその前の「戦前」に嫌悪《けんお》感を持ち、さらにその前の「江戸」には好意を持つ。元号で言うと、「平成」は「昭和」をダサいと思い、その前の「大正・明治」の古さにはロマンを感じる。「令和」になると、すでに「昭和」がロマン側に入りつつあるのを感じるだろう。二十世紀には十九世紀が古臭かったが、いま二十一世紀になると、十九世紀もロマンの範疇《はんちゅう》に入ってきた。

実際は江戸時代起源でなくても、どことなく「江戸っぽい」ものは伝統感が一気に増す。近代にとって、江戸時代は「無条件にいいもの」なのだ。京都もそう。旧国名もそうだ。

第四章　「国」が先か？　「伝統」が先か？

ある民族や国の中に共通の習慣やしきたりがあって、それが長い年月を経ると「伝統」と呼ばれるようになる。

ならば、その逆はどうか？

ある「伝統」が存在しているのは、そのバックボーンに一つの民族や国が続いてきたからだ――ということになる。つまり、「我々はこういう伝統を共有している仲間だ」と確認し合うことが、同じ民族・国民であることの証拠になる。だから、みんなで一つにまとまりたかったら、共通の伝統を探せばいいし、なければあらたに創《つく》ればいい。

いったい、国があるから伝統ができたのか？　それとも、伝統を創ることで国ができるのか？　なんだか、卵が先か鶏が先か……みたいな話になってくる。

元号は、結構いいかげんだ

「一世一元」は明治以来で歴史が浅いことは知っているけど、「元号」は古くから続く日本の伝統だ――と思う方は多いだろう。では、明治以前の元号はどうだったのか?

そもそも元号は、中国・前漢の武帝が「俺様が即位した年から、建元と呼ぶ!」と宣言したのが元祖だ（BC一四〇年）。古代からずっと、東アジアでは中国が超大国であり先進国なので、周辺の朝鮮半島や、ベトナム、日本でも、真似《まね》して元号を使うようになった。当時の、「これがグローバルスタンダードだ!」というわけだろう。

日本の元号第一号は「大化」だ。大化の改新（六四五年）で有名なあれだ。しかし、そこからずっと元号が続いたわけではない。「大化」（四年八ヵ月）の次が、「白雉《はくち》」（四年八ヵ月）。ところがこのあと、三十二年間も空白期間がある。「白村江の戦い」とか「壬申《じんしん》の乱」で、改元どころではなかったのだろう。ひょっとしたらここで、元号は定着せずに終わっていたかもしれないのだ。

空白の後、三番目の元号「朱鳥《しゅちょう》」を決めた。が、数ヵ月で挫折《ざせつ》。その後また十五年間の空白期間がある。ここでもう一度、元号が定着しない可能性があった。その空白明けが「大宝」（七〇一年）で、ここから現代まで元号が続いている。

「大化」から「令和」まで、元号は全部で二百四十八ある（南北朝時代のダブりも合わせて）。その間、天皇は（神話時代の）初代・神武天皇から（令和の）今上天皇まで百二十六代（この他に北朝天皇が五代）。元号の数と歴代天皇の代数は全然合わない。基本的には代始改元（新しい天皇になった時の改元）なのだが、それ以外でも改元したからだ。

たとえば、奈良時代にはこういう元号がある。

「霊亀《れいき》」左京職から珍しい亀《かめ》が献上されたから、改元。
「神亀」白い亀が献上され、めでたいから、改元。
「天平」背中に「天王貴平知百年」という文字がある亀が献上されたから、改元。
「宝亀」肥後（熊本）から、めでたい白い亀が献上されたから、改元。

五十五年で四回も、「縁起のいい亀」によって改元しているのだ。そんなにいるものだろうか、珍しい亀が？

さらには、

「慶雲」西の空に縁起のいい雲を見たから、改元。

「神護景雲」めでたい雲が現れたから、改元。

「天応」伊勢に美しい雲が現れたから、改元。

というメルヘンみたいな改元もある。

初期は、元号なんてこんなものだったのだ。

さらに、平安時代には「辛酉《しんゆう》改元」というものも始まる。

中国では、毎年を十干《じっかん》十二支の組み合わせで表してきた（恵方の項でも触れた）。

十干＝甲・乙・丙・丁・戊・己・庚・辛・壬・癸

十二支＝子・丑・寅・卯・辰・巳・午・未・申・酉・戌・亥

これを順番に組み合わせていくと、

一年目「甲子」（甲のネズミ年）、二年目「乙丑」（乙の丑年）………六十年目「癸亥」（癸のイノシシ年）となって一回りする。これが還暦だ。

　途中に、「辛酉」（辛のトリ年）がある。

「中国では、辛酉の年には天下がひっくり返ると言われている。これを辛酉革命と言う」

　と言い出したのが、文章博士の三善清行という人。

「実際の革命が起こる前に、先に仮の革命を行っておけば大丈夫です。改元しましょう」

　というわけで、六十年に一回「辛酉」の年は必ず改元することになった。たんなる迷信だし、それへの対処方法もまた迷信なのだが。

　ところが実は、当の中国でそんなバカげたことはやっていないのだ。当時だと「本場中国では……」、現在なら「本場ヨーロッパでは……」「本場アメリカでは……」というもっともらしい話にコロッと従ってしまうのは、島国日本の特徴だろう。

　さらに加えて、ほぼ同じ理由で、のちに「甲子」の年も改元することになる。六十年サイクルの、甲子は一番目、辛酉は五十八番目。だいぶ間が開いているようだが、五十八→五十九→六十→一と、実は三年しか離れていない。おかげで、この間は三年で自動的に改元するようになった。

こうして迷信は制度化され、伝統となる。なんと、幕末もギリギリの「文久」(一八六一年　辛酉改元)、「元治《げんじ》」(一八六四年　甲子改元)まで、こんなことをやっていたのだ。社会が混乱している時ほど、人は前例踏襲・伝統墨守にこだわるものなのだろう。

改元の権限は一貫して天皇にあった。だが次第に、公家《くげ》同士の勢力争いに使われる。時代が下れば武家が介入してきて、将軍の代始改元もある。天皇が代始改元を行えなかったこともある。権力者はつねに、「この国を流れる時間を支配する元号は、俺様が決める！」とやりたいものなのだ。

かくして、日本の元号はやたら数が多くなった。単純平均すると「一元号＝約五・五年」。短い元号では、鎌倉時代の「暦仁《りゃくにん》」(二ヵ月半)、奈良時代の「天平感宝」(三ヵ月半)なんてものもある。時の権力者の意向でコロコロ変えられるのが、元号。それも含めて「伝統」なのかもしれない。

明治になって(一八六八年)、「天皇の在位中は元号を変えない」という「一世一元」になった。幕府を倒した明治政府は天皇をかついでできた政権だったので、改元の権限を握り、反対勢力に渡さないようにする必要があったのだ。

そして、「皇室典範（旧）」（明治二十二年・一八八九）によって決まったはじめての元号が、「大正」。

戦後は「皇室典範（旧）」が廃止された（昭和二十二年・一九四七）ので、元号に関する法的根拠がなくなった。当然、「この際、西暦に統一を」という意見も、「新元号を」という意見もあった。が、結局なんとなく現状維持でそのままずるずると「昭和」を使っていた。時代を区切る感覚としては、「戦後」という新元号になったと考えたほうがしっくりくる。人々は「戦後＊年」という呼び方で時代をとらえていたのだから。

ところが、やがて天皇の高齢化問題で、いつまでも法的根拠なしで「昭和」を使っているわけにもいかなくなった。

そこで、昭和五十四年（一九七九）に「元号法」が成立。戦後の「昭和」は、この時はじめて法的根拠が与えられたのだ。だから、元号法による初の改元は「平成」。当時の小渕恵三《おぶちけいぞう》官房長官が「平成」と書かれた紙を掲げた姿を覚えている方も多いだろう。

ちなみに、「元号法」ができた時、政府は、「元号法は、その使用を国民に義務付けるものではない」

「『協力を求める』ことはあっても『強制するとか拘束する』ものではない」
と繰り返し答弁している。が、この言いまわしは「わかってるな」「忖度《そんたく》しろよ」
と念を押しているようなものだ。
そして平成二十九年（二〇一七）、やはり天皇の高齢問題から「退位特例法」ができ、
新元号が検討されることとなった。
平成二十九年（二〇一七）十二月八日に「改元は平成三十一年（二〇一九）五月一
日」と決定した。改元の日までほぼ一年五ヵ月ある。こんなに長い準備期間を持つ改
元というのは史上初めてだ。今回は混乱なく新元号に移行する……と思っていたらそ
うではなかったという事実は、記録しておいた方がいいだろう。
改元日が決まった十二月頃は、
《平成三十年（二〇一八）の夏頃に発表》
と言われた。カレンダー印刷は例年春には翌年分の印刷を終えているので間に合わ
ないが、コンピュータ・ネットワークなどのシステム改修には間に合うという計算だ。
ところが、年が明けて平成三十年になると、
《平成三十年（二〇一八）秋以降》
とずれ込んだ。

春頃になると年内発表の線はなくなり、

《平成三十一年（二〇一九）二月以降》

とさらにずれ込む。早い時期に公表すると今上天皇の在位中に関心が新天皇に移る、と憂慮する保守勢力に配慮してのことだ。最も強硬な人々は、

《改元発表は新天皇即位後（五月一日）》

とも言う。そこで秋になると、

《即位の一週間前（四月最後の週）に発表》

という折衷案も出てきた。冬になってようやく、

《四月一日以降に公表》

という政府の方針が示された。「以降」だから、いつだかは不明。要するに、依然として決められないのだ。

ついに年が明け（つまり改元の当年）、一月一日になって数分後、ＮＨＫが、

《安倍総理大臣は四月一日に閣議決定し直ちに公表する方針を固めた》

と速報を打った。政府もメディアも休みのこんなタイミングで速報が出るのは不自然だし、主語が「政府は」でないのも不自然だ。

そして一月四日、総理は年頭記者会見で、

《四月一日に発表する》

とようやく表明した。

これはつまり、各方面の駆け引きだ。さすがに「改元」は勝手にできない。だが、せめてその発表時期は「俺様が支配したい」と権力者たちは思うのだろう。

こうして発表された新元号が、ご存知の「令和」。その出典は『万葉集』巻五「梅花の歌三十二首」の序にある、

「初春の令月にして気淑《よ》く風和《やわら》ぎ……」

だと発表され、「由来は日本の古典である」ことが強調された。だがすぐに、それに先立って中国の「文選《もんぜん》」に、

「仲春令月、時和気清」

とあるのが元ではないかとも指摘された。当時の知識人は中国の古典を下敷きにしているのだから、当然だろう。というか、元々「元号」という制度が中国から持ってきたものなのだから、そんな所で張り合ってみてもあまり意味がないのではないか?

元号は十分に古い伝統だ。でも、結構いいかげんだった。

かくして現在、公式書類を書く時にはいつも、「今って元号で何年だ？」とわからず、面倒臭いことになっている。とはいえ、利点もある。

たとえば、「一九六〇年代前後の歌謡曲」と言うより「昭和歌謡」のほうが一言でわかる。「一九一〇〜二〇年代の文化」と言うより「大正ロマン」のほうがわかる。「元号」は、その時代をパッとつかんで把握するのに向いているのだ。

しかし、「元禄《げんろく》と享保《きょうほう》はどっちが先？　何年ぐらい離れているの？」と言われると、まったくわからない。ほとんどの方が、令和→平成→昭和→大正→明治までは常識として遡《さかのぼ》れるが、その先はもういきなりわからないと思う。「元号」は、時代の流れの把握には向いてないのだ（答え……元禄のほうが、享保より先。その間は、十二年しか離れていない。明治の一つ前の元号は、慶応）。

紀年法は色々あるが、それぞれに得意不得意がある。

ちなみに、元号の本家中国は、清が倒れる時に元号をやめた。朝鮮半島、ベトナムなど東アジア各国もやめた。いま元号を使っているのは、世界で日本だけだ。

最初の元号「大化」から、約千三百七十五年。
定着した「大宝」から、約千三百十五年。

一世一元から、約百五十年。
元号の法的根拠ができて、約百三十年。
元号の法的根拠がなくなって、約七十年。
「元号法」で再び法的根拠ができて、約四十年。

皇紀はいつから？

紀元二〇××年……などというのが皇紀だ。が、皇紀の前に、まず西暦について。

西暦は、キリストが生まれたと言われる年から数えている。今では事実上の世界標準紀年法となっているが、西暦が生まれたのは六世紀。それが一般化するのは十世紀頃と意外に新しい。

しかも後に、肝心の起点がキリストの生年とズレていることが判明。でも、そのまま使い続ける。もともと宗教由来の紀年法だが、この間違いのおかげで宗教色が薄まった。

そしてもう一つ。十七世紀に、

「紀元前（BC）」

という数え方が発明されたことが大きい。ほかのほとんどの国や宗教の紀年法は、起点以前に遡ることがなかったようだ。が、この発明のおかげで、西暦は過去へも未来へも、えんえん伸びて行くことができるようになった。とびぬけて普遍性がでてきた。そりゃ世界標準になるわけだ。

さて、皇紀だ。これは日本独自の紀年法で、初代・神武天皇即位の年を起点としている。が、なにしろ神話の中の天皇だ（百二十七歳、もしくは百三十七歳で崩御だし）。いったい西暦だと何年あたりに対応する人物なのか、わからない。

神話では、神武天皇即位の年が「辛酉の年」となっている。これをヒントに計算することができるのではないか？……と考えた。

「元号」の項で出て来た「辛酉革命」「甲子革命」は、六十年一周りで大きな変革が起きるという考え方。この六十年を一元と呼び、それが二十一回で「一蔀《いちぼう》」と呼ぶ。

六十年×二十一＝千二百六十年。

なにせ六十年に一回でも大変革だ。それが二十一回も束になっていれば、大大大変革のはずだ。神武天皇即位の年は、まさに大大大変革のはずだ！　だから、

「どこか西暦で換算できる辛酉の年から千二百六十年遡ればいいのではないか？」

というわけだ。では、どこから？

推古天皇が斑鳩宮《いかるがのみや》を築いたのが辛酉の年（六〇一年）。これは大きな変革だ。そこで、六〇一年から千二百六十年遡り、ＢＣ六六〇年が神武天皇即位の辛酉年だ！

一蔀とは二十二回（千三百二十年）だという説もある。この場合、六六一年の辛酉の年（斉明天皇が崩御し、中大兄皇子《なかのおおえのおうじ》が皇太子のまま政務をとり、のちに天智天皇となるのだから、大きな変革である）から千三百二十年遡って、BC六六〇年が神武天皇即位の辛酉年だ！

……というのが、BC六六〇年を起点とする皇紀だ。

まあ、どっちにせよ、都合がいい計算だ。迷信を二十一倍しようと、二十二倍しようと、やっぱり迷信だ。

それに、辛酉革命の元ネタである中国の『緯書』という本は今でいうトンデモ本だし、原本だって残っていない。なんとでも解釈できるのだ（起点をずいぶん過去に持ったため、その間の天皇の年齢がやたら百歳越えしてしまった。が、神話とはそういうものだ）。

この考え方はずっと昔からあったが、声高に言い始めたのは明治になってから。西暦一八七三年＝明治六年＝紀元二千五百三十三年で、ここから公式に使われることとなった。そして、紀元元年の一月一日（旧暦）を、新暦に直した一月二十九日を「紀元節」として祝うことにした。ところがちょうど、旧暦が新暦に変わる時だったので、国民は「ああ、紀元節ってのは旧正月のことか」と思った。これではいかんと、政府は「計算をし直し」て、二月十一日を「紀元節」と定め直した。

即位年の確定も、日付の確定も、なんだかふわふわしている。まあ、根拠が神話だから仕方ない。

そして、西暦一九四〇＝昭和十五年＝紀元二千六百年は大々的なセレモニーにしようと、東京五輪と万博の同時開催を計画した（ともに中止）。戦闘機のゼロ戦は、二六〇〇の下二桁《けた》の数字から、零式《れいしき》なのだ。

こういった経緯を見ればわかるように、「皇紀」を声高に言うのは、天皇中心に明治国家を急造しなければならなかったから、と容易に想像がつく。

なので、現在は普通使われない。

戦後の昭和二十三年（一九四八）、紀元節は廃止された。

そして昭和四十二年（一九六七）、この日は建国記念の日として復活した。二月十一日に決まった根拠のふわふわ感は、すでに忘れられている。

もっとも、民族や宗教によって、西暦とは別に独自な紀年法を併用しているところは他にもある。

「創生紀元（ユダヤ暦）」天地創造の年（BC三七六一年）が起点。

「仏滅紀元」シャカが入滅した年（ＢＣ五四四年）が起点。

「ヴィクラム紀元」ネパールのヴィクラマ王がシャカ族に勝利した年（ＢＣ五七年）が起点。

「ローマ建国紀元」古代ローマ建国の年（ＢＣ七五三年）が起点。

「檀君《だんくん》紀元」朝鮮神話最初の王、檀君即位の年（ＢＣ二三三三年）が起点。

……と、たいてい、現在は西暦より大きな数字になるのが、微笑《ほほえ》ましい。

この他にも色々ある。宗教を元にしたものと、建国紀元が多い。どこの国にも民族にも、独自の神話と歴史がある。長いからエラいというわけではないし、短いからダメというわけでもないだろう。神話は神話として、色々あっていい。が、伝統とは別に考えたほうがいい。


紀元二千五百三十三年を言い始めてから、約百四十五年。

「紀元節」から、約百四十五年。

「紀元節」廃止から、約七十年。

「建国記念の日」実施から、約五十年。

相撲は日本の国技か？

そもそも日本には、法令で「国技」と定められた競技はない。

海外でも、実はそういう国の方が多い。カナダは法令で「アイスホッケーは冬の国技・ラクロスは夏の国技」と定めているようだが、それは一九九四年。比較的最近だ（とはいえ、二十一世紀生まれのカナダ人はきっと、「我が国では昔から国技なんだ」と思うことだろう）。

法令で定めていなくても、その国で人気がある競技のことを、なんとなく「国技」と呼ぶことが多い。アメリカなら、アメリカンフットボール、野球、バスケットボール、アイスホッケーの四大スポーツ。イギリスだと、サッカー、ラグビー、クリケット、ゴルフ……あたりだろうか。

さて、日本だ。

明治四十二年（一九〇九）、両国に初の相撲の常設館ができた。というのは、これまで相撲は、勧進相撲としてお寺や神社の境内で、その都度小屋掛け興行を行ってきたのだ。だから、「屋根のある常設館」で相撲ができるというのは、画期的なこと。さて、この建物になんという名前をつけるか？

当初は単に「常設館」という名前を予定していたようだ。が、当時の江見水蔭《えみすいいん》という文士が開館の起草文に「相撲は日本の国技なり」と書いた。それを見て、角界幹部の尾車文五郎（年寄で検査役）が、

「おお、これはいいではないか！」

と喜び、「国技館」と呼ぶことを提案した。これが「相撲＝国技」の始まりだ。はじめに建物ありき。この時に、力士の羽織袴《はかま》での場所入り、行司の烏帽子《えぼし》直垂《ひたたれ》……と、より古式めいた装《よそお》いが採用されたという。伝統は、過去に遡っていくのだ。

しかしこの時点で、東京相撲と大阪相撲は別の組織なのだ。大阪も対抗上「国技館」を作った（大正八年・一九一九）。東西に二つの「国技館」があったのか！　だが、大阪のほうはうまくいかなかったようで、やがて、大正の終わりに東西の協会が合併して、大日本相撲協会が発足する。

とはいえ、この両国の国技館は現在の場所ではない。回向院《えこういん》境内にあった。なのでのちに、旧両国国技館と呼ばれる。

八年後、失火により焼失。三年後に建て直したものの、さらに三年後、今度は関東大震災で焼失。しかしまた、再建した。その間一貫して、名称は「国技館」だ。

その後、第二次世界大戦では軍に接収され、あの風船爆弾の製造工場に利用された。敗戦後はGHQに接収され、名前はメモリアルホールに変わった。プロボクシングやプロレスの会場に使用された。その後、日大講堂になり、やはり格闘技やコンサートの会場として使用されることになる。

なかなか数奇な運命の建物だ。

ともあれ、戦後すぐ、常設の場所を失った相撲協会は、以前のように小屋掛けで都内を転々としながら興行を行うしかなかった。やがて、両国の隅田川対岸に新たな常設館を作った。これが蔵前国技館（昭和二十九年・一九五四）。もはやこの時点で、相撲を行う場所に「国技館」という名前をつけることに、誰も疑問を持たなかったのだろう。

そして昭和六十年（一九八五）、旧両国貨物駅跡地にできたのが現在の両国国技館だ。「旧両国国技館→蔵前国技館→現在の両国国技館」

これだけ一貫して「国技」を名乗る場所で本場所興行を行ってきたのだから、なんとなく「相撲は日本の国技なんだな」と思っても、不思議ではない。

もっとも、競技人口や人気の点だけで考えれば、野球のほうがよほど日本の国技っぽい。なにせプロ野球だけでなく、年に二回、高校生の全国大会にみんなが熱くなるのだから。いや、野球は外国から来たものだろう。国技と呼ぶからには日本古来の競技であるべきだ——と言うならば、柔道や剣道はどうなんだ？

やはり、長年「国技館」と名乗る場所で興行を続けてきた効果は大きいのだ（あと、ちょん髷《まげ》も）。

相撲そのものの歴史は古い。当麻蹶速《たいまのけはや》と野見宿禰《のみのすくね》の戦いが、その始まりとされる（垂仁《すいにん》天皇七年・BC二三年）。まあ、力自慢の男たちが取っ組み合いをするのは、どこの国でも大昔からあること。それを相撲と呼ぶかどうかの問題だけだ。ちなみにこの時の勝負は、宿禰が蹶速の脇腹《わきばら》を蹴《け》折り、さらに腰を踏み砕いて殺した——というのだから、はたしてこれを「相撲」と呼んでいいものかどうか……。

現在も各地にある「野見神社」「野見宿禰神社」の元がそれだ。やはり、勝ったほうしか後世に残らないものだなあ。

日本書紀にはすでに「相撲」の文字がある（七二〇年）。相撲天覧は天平六年（七三四）から始まり、平安時代はずっと「節会《せちえ》相撲」が続く。が、これはまだ余興の色彩が強い。土俵もなければ、行司もいない。

土俵の誕生には諸説ある。だいたい室町時代末期の永禄年間ではないかとみられている。織田信長が発案者だという説もあるが、よくわからない。が、信長が相撲好きだったのは確かだ。『信長公記《しんちょうこうき》』は「行事者木瀬蔵春庵、木瀬太郎太夫両人也」とある。これが行事（行司）の始まり。ようやく、現在の相撲らしくなった。

興行としての「勧進相撲」は京都・江戸・大坂で別々に始まる。京都が一番早かったのは、都だから当然だろう。

江戸勧進相撲の始まり（初代横綱と言われる明石志賀之助による）は寛永年間だ。これが現在の大相撲につながる。

長い歴史から見れば、「国技」になったのはつい最近だ。

取っ組み合いの相撲は、約二千四十年？

「相撲」は、約千三百年。

土俵・行司のある相撲は、約四百五十年。

興行としての相撲は、約四百年。

「相撲は日本の国技」は、約百十年。

桜はパッと散るから美しい？

そもそも日本には、法令で「国花」と定められたものはない（前項と似てしまった）。一般的には、「菊」か「桜」が国花扱いを受けている。菊は皇室のイメージが強く、桜はもっと一般的に、日本という国を表している。

つまり、日本人にとって「ザ・花」といえば桜なのだ。そして「ザ・桜」といえば、ソメイヨシノだ。一斉にパッと咲いて満開になり、そしてパッと散るのが潔《いさぎよ》いとされる。それが日本人の伝統的美意識だと言われる。

しかし一方で、ソメイヨシノは比較的新しい桜だということも、わりと知られている。この伝統はいつからなのか？

桜を語る時によく出てくる和歌が、いくつかある。順を追って拾ってみよう。まずは奈良時代。『万葉集』だ。

「あをによし奈良の都は咲く花の匂《にほ》ふがごとく今さかりなり」　小野老《おののおゆ》

この花は何か? 当時は梅のほうが人気があったので梅だという説もある。なにしろ「匂ふ」だし……と。いや、梅も桜もその他の花もまとめての比喩《ひゆ》だ……という説もある。

『万葉集』に出てくる梅の歌は約百十、桜の歌は約四十というから、これを桜と決めつけるのは、ちと無理があるだろう。

平安時代になると、『古今和歌集』(九〇五年)だ。

「ひさかたの光のどけき春の日にしづ心なく花の散るらむ」 紀友則

「花の色は移りにけりないたづらにわが身世にふるながめせしまに」 小野小町

『古今和歌集』に出てくる桜の歌は約七十、梅の歌は約二十……と完全に逆転している。この時代から、花といえば桜になってくるのだ。

「世の中にたえて桜のなかりせば春の心はのどけからまし」 在原業平

ハッキリ桜と詠《よ》まれている名歌もある。

国風文化によって、「ザ・花」といえば(中国の梅ではなく)桜になるのは、このあたりから。平安末期には、こんな歌もある。

「願はくは花の下にて春死なんそのきさらぎの望月のころ」 西行法師

この花も桜のこと。西行の桜好きは有名だ。そして、桜の名所・吉野好きでもある。

このあと鎌倉時代以降、関東の人間にとっても吉野の桜は有名になっていく。これが、のちのソメイヨシノに関係してくる。

やがて江戸時代になる。八代将軍・吉宗は桜好きだった。河川の整備と美観維持のため、あちこちに桜を植えさせ、花見を奨励した。この前後から、庶民の間でも花見が一般化する。こうして、江戸の桜の三大名所、上野、隅田川堤、飛鳥山《あすかやま》が誕生する。

江戸時代後期には、こういう和歌も詠まれる。

「敷島の大和心を人間はば朝日に匂ふ山桜花」本居宣長

本居宣長の桜好きも有名で、ここにはハッキリ「桜」とある。もっとも「山桜」だ。当り前だ、だって、まだソメイヨシノは存在していないのだから。

そして幕末か、明治のはじめ頃。

現在の東京の駒込《こまごめ》あたり、染井村には園芸業者がたくさんいた。そこで、エドヒガンとオオシマザクラを交配してできたのがソメイヨシノ。あれは、ようやく明治になってできた桜なのだ。

花は白っぽく、密生して咲く。有名な吉野桜をイメージして「染井吉野（ソメイヨシノ）」と名付けて売り出した。吉野山の桜とは関係ない。しかし、桜と言えば吉野……というイメージにピッタリだったのか、これが大ヒットしたのだ。学術誌に掲載され、正式に新種と認められたのは、明治三十三年（一九〇〇）だ。

では、平安時代から江戸末期まで、ずっと詠まれてきた桜はいったいなんだったのか？　ソメイヨシノ誕生以前、桜と言えばヤマザクラだった……と言われることも多いが、どうも、そう単純でもないようだ。

ヤマザクラは西日本に多い。伊豆半島から南関東に自生するのはオオシマザクラ、関東から中部・東北の人里近くはエドヒガン、山野はカスミザクラ。もっと寒冷地はオオヤマザクラ……と色々だ。それぞれに咲く時期も違うし、色も違う。

実はそれまで、桜の名所には色んな種類の桜が植えられていたのだ。群桜という。それぞれに咲く時期も違うし、色どりも違う。江戸時代の大都市では八重桜が愛されていたし、吉宗はヤマザクラ好きで、よくそれを植えさせたという。そうした色んな種類の桜が次々に咲いていく様子を約一ヵ月にわたって楽しむことが、花見だったのだ。

考えてみれば当然だ。花見で客を呼ぶほうとしては期間が長いほど多くの集客ができる。見に行くほうとしても、一ヵ月もあれば日程のやりくりができる。元来「花見」とは、そういうのんびりしたものだったのだ。

現在のようにすべてがソメイヨシノだと、ほぼ同時に咲いて同時に散るから、花見できるのは一週間~十日間くらいしかない。だからあんなに追い立てられて花見をすることになる。ちっとものんびりできない「花見」というのも、よく考えたらおかしい。

ソメイヨシノは接《つ》ぎ木の成功率が高く、成長も速い。苗木も安く、手に入れやすい。見栄《みば》えが派手で、大量植樹に向いているのだから、増えるはずだ。いまでは日本列島の桜の八割程度がソメイヨシノだという。

そして、ソメイヨシノはすべて接ぎ木か挿し木によって増えている。つまりクローンだ。クローンだから、同じ時期に一斉に咲き、一斉に散るのだ。散り際《ぎわ》が美しいというイメージはここでできた。するとそこに、別の意味がくっついてくる。

本居宣長の和歌をもう一度思い出してほしい。

「敷島の大和心を人問はば朝日に匂ふ山桜花」

ここから言葉を採って、明治三十七年（一九〇四）に発売された煙草《たばこ》が、「敷島」「大和」「朝日」「山桜」の四種類。これは日露戦争の年。たばこ税での戦費調達のためだ。本居さんも、まさか自分の歌が煙草の銘柄になるとは思わなかっただろう。

大正に入ると、高等小学読本に「桜花は百花中散際の最も潔白にしてかつ優美なるものなり」（大正二年・一九一三）と書かれる。昭和に入ると「パッと散る潔さ」をさらに強調され、日本軍に好まれた。有名な「同期の桜」の歌詞は、

貴様と俺とは　同期の桜
同じ兵学校の　庭に咲く
咲いた花なら　散るのは覚悟
みごと散りましょ　国のため

そして、第二次世界大戦の末期。悪名高い神風特攻隊は、「敷島隊」「大和隊」「朝日隊」「山桜隊」という四部隊に分けられた。本居さん再び、こんなことになるとは思わなかったろう。

さらに、これも悪名高い特攻用の体当たり滑空機は「桜花」と名付けられた。

もう一度言うが、本居宣長が詠んだ桜はソメイヨシノではない。「花といえば桜」

という日本人の桜好きは平安時代からだが、「パッと散るから美しい」はソメイヨシノ一色になって以降のことだ。

東京・新宿御苑《ぎょえん》は「日本さくら名所百選」にも選ばれている。見ごろは二月中旬〜四月下旬。群桜だから、花見の期間が長いのだ。ここで、例年四月中旬に内閣総理大臣が主催する行事が「桜を見る会」。昭和二十七年（一九五二）から始まっている。目的は「各界において功績、功労のあった方々を招き、日頃の苦労を慰労するため」とある。春らしく華やかで、平和的な催しではないか。

ところが二〇一九年、政治家が支援者を招待していたのではないか？　などの疑惑で大きな問題となった。誰を招待していたのかは名簿を見ればわかる。だが、その年の招待者名簿はすでにシュレッダーにかけられていた。のちに渋々出した過去のリストは、あちこちが黒塗りになっていた。「各界において功績、功労のあった方々」なのにだ。

どう見ても、潔くない。「桜を見る会」はソメイヨシノが咲く四月中旬ではなく、カンザン、オオヤマザクラ、カスミザクラなどが咲く四月下旬だからか？

花といえば「桜」となって、約千百年。
花見が盛んになって、約三百年。
ソメイヨシノ誕生から、約百五十年。
ソメイヨシノが新種認定されて、約百二十年。
「パッと咲いてパッと散る」が強調されて、約百五年。
「桜を見る会」から、約七十年。

「錦《にしき》の御旗《みはた》」の曖昧《あいまい》な伝統感

幕末から明治維新のドラマ・映画では、戊辰《ぼしん》戦争の官軍の先頭で、なにやらヒラヒラした長い旗をかざしている。その時に流れる「トンヤレ節」とか「宮さん宮さん」と呼ばれる音楽がある。歌詞はこうだ。

〽宮さん宮さんお馬の前に
ヒラヒラするのは何じゃいな
トコトンヤレ、トンヤレナ
あれは朝敵征伐せよとの
錦の御旗じゃ知らないか
トコトンヤレ、トンヤレナ

「宮さん」というのは官軍の東征大総督である有栖川宮《ありすがわのみや》親王のこと。「朝敵」は旧幕軍。それを「征伐」するための「錦の御旗」だ、「知らないか（知らないのか？　権威あるものなんだぞ）」、と説明している。

まあ、錦の御旗の意味については、この歌詞がすべてを語っているわけだが、もう少し突っ込んでみると、「日本の伝統」の曖昧さが見えてくる。

「錦の御旗」、あるいは「錦旗《きんき》」。天皇軍の印として、朝敵征伐の時に与えられるもので、デザインは決まっていない。赤地の錦に、金銀で日月を刺繡《ししゅう》したり描いたりしたもの――とある。

デザインが決まっていなければ印にならないではないか？　とも思うが。天皇が与えた、という事実が大事なようだ。

鎌倉時代、承久の乱（一二二一年）の時、後鳥羽上皇が配下に与えたというのが最初。

くだって、『太平記』（一三七〇年頃成立）にも何ヵ所か出てくる。『太平記』は、鎌倉幕府を倒し、建武の新政、そこからまた足利だ新田だ楠木だと分かれて争い、室町幕府ができ、朝廷は南北に分かれ……という時代を描いている。「我こそが正統だ」を示す「錦の御旗」が重要な時代だったのだろう。

が、それ以降登場せず、歴史の中に消えてしまった。幕末の頃は、誰も見たことがない。誰も見たことはないが、その存在は知られている、というものだった。そこで、「誰も見たことがないのなら、『これがそうだ』と示しても、誰も『それは違う』とは言えないはずだ」

と考えたのが公家の岩倉具視《いわくらともみ》。そこで、腹心の国学者・玉松操《たままつみさお》に「用意しろ」と命じた。そんなこと言われても、誰も見たことがないものなのだ。どう用意すればいいのか？　玉松は、大江匡房《おおえのまさふさ》の『皇旗考』（平安時代）を参考に、日月のものや、菊花のものをデザインした。

一方、薩摩の大久保利通は、京都で大和錦と紅白の緞子《どんす》という材料を用意した。その半分を京都薩摩藩邸で、残り半分を品川弥二郎が長州に持ち帰って、ともに玉松のデザインに従って、密《ひそ》かに「錦の御旗」を作ったのだ（ちなみに、「トンヤレ節」の作詞は、この品川だと言われる）。

そして三ヵ月後。戊辰戦争で、薩長新政府軍は「我こそは正統だ」の証拠に高々と、この錦の御旗を掲げた。すると旧幕軍は、「朝敵になるわけにはいかない」と恐れをなしたという。誰も見たことがない旗なのに、だ。

なんだか、水戸黄門の印籠《いんろう》みたいだ。

明治二十一年（一八八八）になって、記録のため、政府は錦旗の克明な絵図を残させた。「戊辰所用錦旗及軍旗真図」で、これには十七種の旗が描かれている。玉松さん、どれが正解だかわからないので、色々デザインしたのだろうか？

現在、東京国立博物館には、「有栖川家伝来の錦旗」が所蔵されている。なんとなく鎌倉時代からの伝来のような気がするが、明治維新からの伝来ということか。

さらに、山口市には「錦の御旗製作所跡」があり、石碑もある。品川が材料を持ち帰って作らせた場所だ。山口博物館には、その時の「錦旗余片額」が所蔵されている。旗を作った時の裁ち切れだ。伝統はこの場所で創《つく》られたという生々しさもあるが、拍子抜けするほどアッケラカンとした感じもある。

錦の御旗の登場から、約八百年。
錦の御旗を見なくなって、約六百五十年。
錦の御旗の再登場から、約百五十年。

「鎖国」は祖法なり！

近年、教科書から江戸時代の「鎖国」という言葉が消えそうになり、それでも一応残った。消えそうになった理由は、主に次の二点。

①当時、長崎でオランダ、中国、そして対馬《つしま》経由で朝鮮、薩摩経由で琉球《りゅうきゅう》、松前経由でアイヌと交流があったのだから、「鎖で閉ざされていた」状態ではない。

②当時「鎖国」という言葉は使われていなかったから。

……ということのようだ。

いや、①については、これまで学校で教わってきた以上、どんなボンクラな生徒でも、「鎖国」と言っても長崎・出島でオランダと交流があったことくらい知っていると思う。中国や朝鮮については少し勉強した生徒なら知っているだろうし、知らなくても、近くだから交流はあったかもしれないと推測はできる。普通は、字義通りに

「国が完全に鎖で閉ざされていた状態」なんて思ってはいないだろう。

もし多くの人がそう誤解しているのだとしたら、問題は「鎖国」という言葉ではなく、教え方なのではないか？　「鎖国」を「海禁」に変えたところで、同じだと思う。

そして②については、たしかに、はじめて「鎖国」という言葉が使われたのは江戸後期の享和《きょうわ》元年（一八〇一）だ。しかし、「当時使われていなかった」を理由に昔のことが説明できないのなら、「江戸時代」はどう表現すればいいのだ？　家康が幕府を開いた時に、「今年から江戸時代だ！」とは誰も言っていない（お調子者の数人は言ったかもしれないが）。けれど、この時から江戸時代が始まった、と説明せざるをえないではないか。

その江戸時代の「藩」という言葉だって、当初は使っていない。開府から百年ほど経《た》っての、新井白石『藩翰譜《はんかんふ》』（一七〇二年）あたりが初出だと思われる。けれど、まだ一般的ではない。幕末に、流行語となってよく使われた。が、「藩」が公式になるのは、なんと明治元年だ。そして三年後「県」に置き換えられる。さて、「江戸時代」も「藩」も使わずに、あの二百六十五年間をどう説明するのだ？

近いところでは「バブル景気」がある。これは現実に体験した人も多いから実感として知っているだろう。あれは昭和六十一年（一九八六）に始まったとされるが、当時、誰一人「バブル」という言葉なんか使っていなかった。知りもしなかった。一九九〇年に「バブル経済」という言葉が流行語大賞に現れるが、その一年後に、バブル景気は崩壊する。これも、「八〇年代はバブル」とは言えないことになってしまう。

だから、当時使われていなかったからといって、

「江戸時代に、鎖国はなかった！」

なんていう、ややハッタリめいた論を張るのは、どうかと思う。その論法でいくと、

「江戸時代に、江戸時代はなかった！」

となってしまうわけだし……。

ところが、幕末（これも、幕府が終わったあとで振り返ってみると「末」だったわけだが）、この「鎖国」という言葉を高々と掲げ、

「鎖国は祖法なり！」

と叫んだ人々がいたのだ。

祖法とは、祖先からずっと伝わる法、つまり日本古来の伝統。ペリー来航で大騒ぎの日本は開国派と攘夷《じょうい》派に分かれた。攘夷論者たちの多くは、「鎖国は、家康をも遡り、もっと昔からの日本の伝統」だと思っていたのだ。「鎖国」はたかだか徳川三代

将軍の頃からの政策にすぎないということを、知らなかった。そもそも信長・秀吉、そして家康の時代も、南蛮貿易が盛んだったのに……。
「鎖国」について、順を追ってみよう。

〈二代将軍・秀忠時代〉
一六一二年　幕府がキリスト教の禁教令を出す
〈三代将軍・家光時代〉
一六三三年　奉書船以外の海外渡航を禁止（第一次鎖国令）
一六三五年　日本人の海外渡航と帰国を禁止（第三次鎖国令）
一六三七年　島原の乱（キリスト教への恐怖が強まる）
一六三九年　ポルトガル船の来航を禁止（第五次鎖国令）

ここで鎖国が完成したといわれる。のちのペリー来航から遡ること、二百十四年前。だいたい自分から六～七世代も昔だと、人は「ずっと昔からの伝統」と思うわけだ。それに、当時の知識人に人気の本は頼山陽の『日本外史』で、ここに鎖国令は出てこない。

さらに、その先は、こうなる。

〈十一代将軍・家斉《いえなり》時代〉
一八〇一年　長崎・出島のオランダ商館付医師ケンペルが出版した『日本誌』の中の一章を長崎通詞・志筑忠雄が「鎖国論」と題して邦訳。これで初めて「鎖国」を使用。
一八〇四年　ロシア・レザノフとの通商交渉時、幕府は、鎖国は「祖法」と言って断る。
一八二五年「異国船打払令」（日本に近づく外国船は砲撃してでも追い払え）
〈十二代将軍・家慶《いえよし》時代〉
一八五三年　ペリー来航。開国派と攘夷派（鎖国は祖法派）に分かれて大騒ぎになる。

わずか五十年前にできた「鎖国」という言葉をもってして「祖法」だというのも妙なものだが、そんなことには気づかない。

〈十三代将軍・家定時代〉

一八五四年　日米和親条約（開国）

さすがに、次第に「鎖国は祖法」ではないことを知っていくが、その後もまだ開国派と攘夷派（再鎖国派）が揉《も》め続ける。

〈十五代将軍・慶喜《よしのぶ》時代〉

一八六八年　明治維新

つまり、幕末の一部の連中は、二百年前にできた制度を、五十年前にできた言葉で「ずっと昔からの日本の伝統だ！」と叫んでいたことになる。よくできすぎているだけに、かえって不気味になる戯画のようだ。

ここまで本書を読んできた方にはもちろんおわかりだろうが、これはなにも「幕末」に限らない、「鎖国」に限らない。

（ここは、ペリー来航時の一八五三年を起点にして遡ってみる）

鉄砲伝来から、三百十年。
家康が幕府を開いて、二百五十年。
鎖国が完成して、二百十五年。
「鎖国」という言葉ができて、五十二年。
鎖国は「祖法」だと言い始めて、四十九年。

＊＊＊

自分が生まれ、あるいは育った場所とその周辺なら、人は理屈抜きで親近感を持つものだ。山や川や海の様子、人々の顔、言葉、食べ物、建物、道、気候……。好きか嫌いかは別として、どういうものかはわかる。なので、一体感を持てる。それを故郷、地元、あるいはクニ（国）と呼んでもいいだろう。

ところが、もっと大きく、人工的な枠組みの国（近代国家）となると、それがぼんやりしてしまう。各地で風習は微妙に違い、場合によったら言葉が通じにくいと、どうも一体感を持ちにくいものだ。しかし、みんなが共通の伝統を持つとわかれば、「ああ、同じ仲間なんだ」と安心する。

「伝統」は、国作りには有効な手段のようだ。治めるほうにとってはもちろん、暮らすほうにとっても。

第五章　「神社仏閣」と「祭り」と「郷土芸能」

神社仏閣と伝統は相性がいい。いやむしろ、「伝統」というもやもやしたものを目に見える形にしたのが神社仏閣、と言えるかもしれない。

建物や、御神体、御本尊、宝物はもちろん、周囲の樹木や敷地まで、「古くからここにある」ということだけで感心し、「これが伝統だ」と納得する。建物は建て直され、あるいは移転をしていてもだ。

人は、なんだかわからないが古い、というだけで安心し、信用するのだ。だから、たとえ新しくできたものでも、最初から古色を帯びていたほうがいい。

神社仏閣には祭りがあり、そこから郷土芸能も生まれる。それらもまた、同様だ。

京都三大祭りの「時代祭」

京都三大祭りは「葵祭《あおいまつり》」「祇園祭《ぎおんまつり》」「時代祭」として有名だ。それぞれ、なんという神社の例祭か？

「葵祭」……………上賀茂《かみがも》神社、下鴨《しもがも》神社
「祇園祭」…………八坂神社
「時代祭」…………平安神宮

ここまではいい。

しかし、それぞれの創建年を見ると、
「上賀茂神社」……天武天皇七年（六七八）、「下鴨神社」……不詳だがBC九〇？
「八坂神社」………斉明《さいめい》天皇二年（六五六）
「平安神宮」………明治二十八年（一八九五）

比べるまでもなく、平安神宮だけがとびぬけて新しい。

明治になって、政府は近代化促進のため、内国勧業博覧会を開いた。第一回（明治十年・一八七七）、第二回（明治十四年・一八八一）、第三回（明治二十三年・一八九〇）は、すべて東京・上野公園で開催された。そして第四回（明治二十八年・一八九五）は、京都・岡崎公園で開催された。なぜ京都か？

その前年・明治二十七年は一八九四年。この数字に注目してほしい。誰もが語呂《ごろ》合わせで憶《おぼ》えた「泣くよ（七九四）ウグイス平安京」＋千百なのだ。そこで、「平安遷都《せんと》千百年紀年祭」を企画し、それにあわせて内国勧業博覧会を誘致した。この時、博覧会とともに造営されたのが、平安神宮なのだ。だから御祭神は、平安京を造った桓武天皇。

「平安神宮」という名前だから平安時代から存続しているような錯覚を与えるが、そうではない。平安遷都記念だから「平安神宮」なのだ（邪推すれば、そういう錯覚を与えやすい名前を選んだとも言える）。

もともと「京都マジック」により、京都にあるすべてのものには古い由緒《ゆいしょ》がありそうに思える。そこへ、たしかに古い歴史を誇る二つと一緒にして「三大」と括《くく》れば、平安神宮が持つ「日本の伝統」感は絶大だ。

「葵祭」は六世紀の半ばから行われていた。平安時代、ただ「祭」と言えば葵祭のことを指すほどだ（当時は「賀茂祭」と呼ばれていたけれど）。だが応仁の乱の頃に、廃絶。江戸時代になって再興され、この時「葵祭」という名前になる。しかしまたその後、中絶。明治十七年（一八八四）になって再興された。

「祇園祭」は九世紀半ばから続く。が、これまた応仁の乱の頃には、廃絶。その後何度か中絶と再興を繰り返している。

「時代祭」は、もちろん明治二十八年から行われた。先頭の維新勤王隊列から始まって、東京奠都《てんと》以前の京都の風俗を遡《さかのぼ》る時代行列が行われるのは、創建の理由からして当然なのだ。

葵祭は、約千四百五十年。
祇園祭は、約千百五十年。
時代祭は、約百二十五年。

したがって、「京都三大祭り」は、約百二十五年。

古くて新しい神社

平安神宮のような、新しい神社というのは、けっこうある。

だいたい日本は昔から、お寺でも神社でも同じように拝んできた。お寺の境内に神社があったり、その反対だったりするのは、別に珍しくもなかった。その種類も、権《ごん》現《げん》、明神、八幡《はちまん》、稲荷《いなり》、愛宕《あたご》、祇園……とさまざま。さらに道祖神、庚申塚《こうしんづか》となると、もはや自分が何を拝んでいるのかすら、よくわからない。

明治新政府によって「神仏分離令」が出され、お寺と神社が分けられた。神社を上位に置き、神道《しんとう》を国教化してこの国を治めようとしたのだ。全国にある神社は整理され、序列ができた。と同時に、あらたに神社も創《つく》られた。これを「創建神社」と言う。

古くからあると思われている有名な神社も、実はこの時に作られた新しいものがある。いくつかあげてみよう。

「平安神宮」（京都）

　これは、前項でも述べた。平安遷都千百年で、明治二十八年（一八九五）に創建された。御祭神は、第五十代・桓武天皇と、第百二十一代・孝明天皇。

「橿原《かしはら》神宮」（奈良）

『日本書紀』で、神武天皇の橿原宮があったとされる場所に作られた。明治二十三年（一八九〇）に創建された。御祭神は、初代・神武天皇と、皇后の媛蹈韛五十鈴媛命《ひめたたらいすずひめのみこと》。

「明治神宮」（東京）

　これは、名前から新しいとわかりやすい。明治天皇崩御により、大正九年（一九二〇）に創建された。御祭神は第百二十二代・明治天皇と昭憲皇太后（二〇二〇年は創建百年だった）。

　周囲に鬱蒼《うっそう》と茂る森は元からあったものではなく、全国から献木された約十万本を植えた人工林だ。

「白峯《しらみね》神宮」（京都）

保元の乱で讃岐《さぬき》に流された崇徳《すとく》天皇の霊を慰めるため、明治元年（一八六八）に創建された。のち、藤原仲麻呂の乱で淡路に配流《はいる》された淳仁《じゅんにん》天皇の霊も合祀《ごうし》。御祭神は、第七十五代・崇徳天皇と、第四十七代・淳仁天皇。

「吉野神宮」（奈良）

明治二十五年（一八九二）に創建。御祭神は第九十六代・後醍醐《ごだいご》天皇。後醍醐天皇は建武の中興の人。これは、当時の武家社会を天皇中心に戻そうとしたもので、徳川武家政権から実権を取り戻した明治政府にとって、意義深い。なので、この「吉野神宮」をはじめ、建武の中興に関わった南朝側の天皇・皇族・武将を祀《まつ》り、次々と神社を創建した。建武中興十五社という。

「湊川《みなとがわ》神社」（神戸）

建武中興十五社のうちで有名なのが、ここ。明治五年（一八七二）に創建。御祭神は、楠木正成。十五社はここから始まった。

「豊国《とよくに》神社」（京都）

できたばかりの明治政府は、徳川氏と東照宮（御祭神は徳川家康）に対抗する姿勢を打ち出さねばならない。なので、豊臣秀吉を祀ることは意味がある。

もともとの創建は、秀吉没の翌年・慶長四年（一五九九）だったが、豊国神社は徳川幕府によって廃祀されていたのだ。明治元年（一八六八）、「天下を統一しながら幕府を開かなかったのは尊皇の功臣である」と再興を命じた。御祭神は豊臣秀吉。

「建勲《たけいさお》神社《（けんくん）》」（京都）

織田信長もまた、祀られた。明治二年（一八六九）に創建。御祭神は織田信長。

信長が反徳川というのはよく考えると少しおかしいし、尊王であったかどうかというところこれもあやしい。が、「天下を統一した」ということで、明治政府にとっては祀るべき対象となった。

「靖国《やすくに》神社」（東京）

ここも新しいが、他とはちょっと事情が違っている。

もともと、国事に殉じた人々を祀る「招魂社」というものが、長州の各郡ごとにあった。ご存知のように、幕末の長州藩はそういった人々が多かったからだ。やがてこの思想は、明治維新政府に受け継がれる。明治元年（一八六八）、ペリー来航以降の国事に倒れた人々の霊を祀るため、京都に招魂社が創建された。

翌年、東京・九段に「東京招魂社」が創建される。長州出身の大村益次郎《おおむらますじろう》の発案による。彼が指揮した戊辰《ぼしん》戦争の戦没者も合祀された。神・仏いずれの方法もとらなかった。宗教ではなく、これから新しく作る「国」というものが死者を慰める、という考えによるものだろう。だから最初は神社ではなく、軍の管轄《かんかつ》下にあった。

急坂の上にあって東京の街を見下ろす九段という場所は、たしかにそういう考えにふさわしい。大村のことだ、防衛上の理由もあったかもしれない。

だから、当初は、現在のその場所のイメージとは違う。真ん中に競馬場があり、競馬興行があったり、サーカス興行があったり、花火と相撲と花見……と、西洋的な公園と祝祭の場所をあわせたような空間だったのだ。田山花袋《たやまかたい》など「九段の公園」と呼んでいる。

明治十二年（一八七九）、靖国神社と改称。ここで、正式な神社になった。御祭神は二百四十六万六千余柱の神霊《みたま》。

「伊勢神宮」（三重）

もちろん、伊勢神宮の歴史は大変古い。約二千年。御祭神は、内宮《ないくう》が天照大御神《あまてらすおおみかみ》、外宮《げくう》が豊受大御神《とようけのおおみかみ》。まぎれもなく日本の伝統だ。が、ここに並べたのには、理由がある。

明治元年（一八六八）九月、明治天皇は京都から東京に向かい、江戸城に入ってこれを皇居と定めた。十二月、いったん京都に帰る。翌年三月、ふたたび東京に向かう途上で伊勢神宮に参拝した。伊勢神宮は皇室の御先祖を神と仰いでいるが、実は、在位中の天皇が参拝するのは、この時がはじめてなのだ。

天皇や皇族の霊は、平安時代以来、宮中の御黒戸《おくろど》に祀られていた。御黒戸とは、普通の家で言えば仏壇にあたるもので、位牌《いはい》が置かれ、仏式だった。天皇家の菩提寺《ぼだいじ》は、京都にある泉涌寺。皇室の葬儀は代々、泉涌寺の僧侶《そうりょ》を中心に仏教で行われてきたのだ。神式に改められたのは、明治元年十二月二十五日の孝明天皇三年祭から。神道による国家運営という明治政府の基本方針は、こういうところにも及んだ。

「神田明神」（東京）

ここも、創建は古い。天平二年（七三〇）だ。御祭神は、大己貴命《おおなむちのみこと》（だいこく様）と、平将門《たいらのまさかど》。とくに江戸っ子は将門の祟《たた》りを恐れ、それを信仰した。

明治七年（一八七四）八月。陸軍の演習を指揮した天皇が、その帰り、神田明神に立ち寄ることになった。ところが、ここで困った。平将門は、平安時代、朝廷に逆らった逆賊なのだ（平将門の乱）。神道による国家運営としては、神社に祀られるのは皇統に連なる人か功臣であるはず。逆臣将門を祀る神社などあっていいはずはなく、ましてやそこを天皇が参拝するなど考えられないのだ。では、どうしたか？

まず世襲の神主に代えて、別の神主（本居宣長の曾孫《そうそん》）を祀官に任じた。そして、将門は境内の小さな末社に遷《うつ》され、その代わりに常陸《ひたち》から少彦名命《すくなひこなのみこと》（えびす様）の分霊を迎えることにした。理由は「九百年も経《た》ってるから、もう将門の霊は祟らない。大丈夫」というもの。やや都合がいい。

しかし、江戸っ子の信仰は将門にあったから、人々は例祭に参加しないようになった。本殿に賽銭《さいせん》を投ずる人も少なく、将門の小さな祠《ほこら》には参拝者が相次いだという。

神田明神のような大きな神社でも、当時、地域の信仰と国体神学の体系による祭祀との狭間《はざま》で、ずいぶん揺れたのだ。各地でも、似たようなことが起きていたのだろう。

昭和五十九年（一九八四）、将門は本殿に戻り、現在神田明神の御祭神は、一ノ宮・大己貴命、二ノ宮・少彦名命、三ノ宮・平将門命……となっている。

神様も、人間の都合でいろいろと創られたり、眠りを覚まされたり、分祀されたり、合祀されたり、末社に遷されたり、また本殿に戻されたりして、大変だ。許してもらいたい。人間とは身勝手で、弱いものなのだ。

ちなみに神社の拝み方だが、「二礼二拍手一礼が昔からの伝統的な作法」だと思っている方が多いだろう。「いや、うちは二礼四拍手一礼」（出雲《いずも》大社・宇佐神宮など）といった差別化を行っている所もあるが。

しかし、明治より前はそうではなかった。

かつてはどうやって神様を拝んでいたのか？　江戸時代はお寺のように合掌をしたり、合掌のままお辞儀をしたり……とさまざまだった。前述のように、神仏習合だったからだ。なにかありがたい存在を拝む時、人は自然に手を合わせたり、お辞儀をしたりするものだから、それでよかったのだろう。

が、明治になっての「神仏分離令」。明治政府は神道を使ってこの国をまとめようとした。当然、神社を拝む時の正式な（そして物々しい）儀式が必要になる。明治八年（一八七五）に定められた「神社祭式」で、「一揖《いちゆう》、再拝、二拍手、一揖」となった。「揖」とは軽くお辞儀すること、「再拝」は二度繰り返して深いお辞儀をすること。現在に近いが、ちょっと違う。

戦後、国家神道は廃止された。昭和二十三年（一九四八）の「神社祭式行事作法」で、現在の「再拝、二拍手、一拝（二礼二拍手一礼）」の形に落ち着いたと言われる。

神様は心が広いから、きっと、どう拝んでも怒りはしないと思うが。


「平安神宮」は、約百二十五年。

「橿原神宮」は、約百三十年。

「明治神宮」は、約百年。

「白峯神宮」は、約百五十年。

「吉野神宮」は、約百二十五年。

「湊川神社」は、約百四十五年。

「豊国神社」の再興から、約百五十年。

「建勲神社」は、約百五十年。

「東京招魂社」から、約百五十年。

「靖国神社」になって、約百四十年。

「伊勢神宮」は、約二千年。

「伊勢神宮」に天皇がはじめて参拝して、約百五十年。
「神田明神」は、約千二百九十年。
「神田明神」の将門が末社に遷されて、約百四十五年。
「神田明神」の将門が本殿に戻って、約三十五年。
拝み方が「一揖、再拝、二拍手、一揖」になって、約百四十五年。
拝み方が「二礼二拍手一礼」になって、約七十年。

御朱印帳の伝統

「朱印」とは、文字通り朱肉を使って押す印だ。歴史的には「朱印」が正式とされ、「黒印」は略式のようだ。

なので、「朱印状」は正式な文書ということになる。「朱印船」は、正式な船籍証明書、渡航証明書である朱印状を持った船というわけで、江戸幕府初期に海外貿易を行った。

幕府から、年貢《ねんぐ》免除の証明書である朱印状を下付された寺社を「朱印寺社」というが、現在、神社仏閣を巡る時に使う「御朱印帳」とは関係ない。

では、御朱印帳は、いつからの伝統なのか？

起源は「納経帳」だと言われている。

法華経《ほけきょう》を写経して全国の寺社を回り、奉納するから「納経」。六十六部（全国が六十六国だから）と呼ばれる修行僧が行った。その時に寺社から発行してもらう受取証のようなものが「納経請取状」だ。

六十六部は鎌倉時代末から室町時代におこったが、だんだん納経は建前で、各地を回って歩く遊行僧《ゆぎょうそう》、あるいは巡礼姿の物乞《ものご》いのようにもなっていった。

江戸時代になると、いちいち各寺社から「納経請取状」を発行してもらうのではなく、帳面を持っていき、押印《おういん》してもらうようになる。「納経帳」だ。寺社側の記帳と押印がある。かならずしも朱印とは限らないが。

江戸時代後期には、いちいち写経をするのは大変だから、「納め札」を奉納するようになる。たしかに、このほうが簡単だ。一般庶民の間にも普及し、四国八十八ヵ所や、西国三十三ヵ所の巡礼に「納経帳」が使われた。当時は、巡礼や伊勢参りを口実に旅行を楽しんだのだ。このあたりになると、寺社側も朱印を押すことが普通になる。

明治になって神仏分離すると、神社用、寺院用、それぞれの納経帳ができる。

明治四年（一八七一）には、六十六部が禁止された。組織を作り、集団であちこちを巡る連中は、政府にとって危険でしょうがない。宗教も、国が主導する神道に一本化したいわけだ。しかし個人で各地の寺社を巡るのは自由だ。このあたりから、実態に即して「納経」ではなく「巡拝」「参拝」と呼ばれるようになった。「巡拝帳」だ。

大正時代半ば、折本式の集印帳が登場する。「参拝記念帖《ちょう》」などと書かれ、昭和のはじめに各種スタンプの大ブームが起こる。昭和十年（一九三五）に出た「集印帖《じょう》」には、表紙に「鉄道駅名所スタンプ集」「郵便局名所スタンプ集」「著名社寺御朱印集」の文字がある。このあたりで、「御朱印」という言葉が出てきたようだ。

一九九〇年代からパワースポットや、風水のブームがおこり、それを受ける形で二十一世紀になって、とくに女性の間で「御朱印帳」がブームになった。

その宗教心が云々《うんぬん》されることもあるが、もともとが旅行記念のスタンプラリーみたいなものなのだから、先祖返りしただけともいえる。

六十六部の「納経」から、約六百八十年。
「納経帳」から、約四百年。
「巡拝帳」から、約百五十年。
「集印帳」から、約百年。
「御朱印集」から、約八十五年。

民謡「○○音頭」

民衆の間で古くから歌われてきた伝統的な歌が「民謡」だ。たいていは素朴で、ほのぼのとした土臭さと、郷愁がある。いつ、どこで、誰が歌い始めたのかわからず、作詞、作曲者もわからない……というものだ。

だが、昔からずっと歌われてきたものだと思っていたら、意外に新しい民謡もある。作詞・作曲者がハッキリしているものもあるのだ。

まずは、民謡の一大ジャンルである「○○音頭」から。音頭はたいてい、踊り、祭りとセットになっている。盆踊りなどで歌われる。

「花笠《はながさ》音頭」（山形）

〽目出度《めでた》目出度の　若松様よ
　枝も　チョイチョイ
　栄えて葉も茂る

ハァ　ヤッショーマカショ

起源は諸説あるが、大正の中頃、山形県尾花沢で土木作業の時、調子合わせに歌う「櫓胴搗《やぐらどうづ》き唄」が元のようだ。昭和のはじめに民謡化され「花笠音頭」となった。以来、酒盛り唄として歌われてきた。

昭和三十八年（一九六三）、山形県内で「比較的伝統的な踊り」を夏の観光の目玉として売り出そう……ということになった。そこで、「蔵王夏まつり」のイベントの一つとして「花笠音頭パレード」が始まった。昭和四十年から「山形花笠まつり」として独立。「東北四大祭り」の一つとなってから、日本中に広まった。

「真室川音頭」（山形）

〽私しゃ真室川の　梅の花　コーオリャ
あなたまた　このまちの鶯《うぐいす》よ
花の咲くのを　待ちかねて　コーオリャ
蕾《つぼみ》のうちから　通って来る

明治時代、北海道の缶詰工場労働者が歌った作業唄「ナット節」なるものが元歌だという。大正時代、町に鉱山が開発された。さらに、陸軍の練習用飛行場の建設工事が始まると、北海道から渡ってきた労働者によって、「ナット節」の歌詞を変え、猥《わい》歌《か》として歌われた。

これとは別に真室川の料亭で、近岡仲江という人が、やはり「ナット節」を元に「山水小唄」という形に変え、歌っていた。

この二つの流れが、真室川の料亭で次第に整えられていった。そして、昭和二十七年（一九五二）、真室川町が歌詞を募集し、「正調真室川音頭」となった。昭和三十年（一九五五）、レコードに吹き込まれ、全国的に知られた。

「河内音頭」（大阪）

〽エーンエさーてはー一座ーーの
皆ーさーまへ
エーエーエまかり出ーましーた
未熟ものーオー
お見かけンどおりのー
若輩でエ

河内音頭の源流は土着の音頭、民謡、盆踊り歌、浄瑠璃《じょうるり》、祭文《さいもん》、仏教の声明《しょうみょう》などが長い時間をかけて混ざり合ったものとみられている。室町時代、八尾市にある常光寺再建の時の作業歌とも言われ、現在も境内に「河内最古之音頭発祥地」の碑がある。「河内音頭発祥」とは言っていない。

現在の河内音頭の原型は、明治初期に河内で「初代歌亀《うたかめ》」を名乗った音頭取りの歌だという。成立は明治中期と推定されている。

大正中期には、当時流行していた浪曲を取り入れ、「初音家太三郎」が現在に繋《つな》がる河内音頭を作った。大阪市平野区の平野公園には「河内音頭宗家初音家礎之地」の碑もある。これもまた「河内音頭発祥」とは言っていない。

さらに、大正末期頃まで盛んに歌われていた江州音頭も流れ込む。とにかくもう、色々なものが流れ込み、混ざり、また変種が多いのも特徴で、そのへんがとても大阪風である。そりゃあ、軽々しく「河内音頭発祥」の碑なんか立てられないわけだ。

昭和初期に「正調河内音頭」がレコードに吹き込まれるが、昭和中期にかけて衰退していった。しかし、昭和三十六年（一九六一）、映画「悪名」で勝新太郎が「河内音頭」を歌い、レコードでは鉄砲光三郎の「鉄砲節河内音頭」が大ヒットして、全国的に有名になった。

「東京音頭」（東京）

〽ハァ　踊り踊るなら　チョイト
　東京音頭　ヨイヨイ
花の都の　花の都の真中で　サテ
ヤットナ　ソレ　ヨイヨイヨイ
ヤットナ　ソレ　ヨイヨイヨイ
（作詞・西條八十／作曲・中山晋平）

これは「東京」と名付けているから、新しいものとわかりやすい。作詞・作曲者もハッキリしている。

元は、昭和七年（一九三二）に作られた「丸の内音頭」だ。日比谷公園での盆踊り大会で披露された。だから、歌詞には丸の内、二重橋、三宅坂《みやけざか》、数寄屋橋《すきやばし》など、地元の地名が織り込まれている。

もっと東京全体で歌えるようにと、歌詞、タイトルを変えて、翌年レコード化されたのが「東京音頭」だ。地名は上野、銀座、隅田に加え、富士と筑波《つくば》まで入っている。これが爆発的にヒットした。

地方発祥の「○○音頭」「○○小唄」という、伝統的民謡風の歌は多い。全国的な知名度は違えど、たいてい似たような、以下のストーリーを持っている。

元は地元の土木工事等で出稼ぎ者・流れ者たちが作業を揃《そろ》える時の歌、あるいは地元の花柳界での、ざれ歌だ。たいてい、卑猥な歌詞が混ざった春歌っぽい一面を持つ。それが料亭街、お座敷で歌われているうちに、次第に歌として整えられてくる。やがて、噂《うわさ》を聞きつけた東京のレコード会社が採譜し、プロの歌手を使ってレコーディングする。この時点で補作詞や曲のアレンジが入り、楽曲としてもう一段階整えられる。うまくヒットすれば全国区になり、「○○地方で昔からある伝統的民謡」という風に認識されるのだ。

こういうパターンが生まれたのは、地方経済が元気で、地元の料亭街、花柳界、繁華街が成立していたから。さらに、昭和初期は日本のレコード産業の勃興《ぼっこう》期で、積極的に地方から企画を探したからだ。

現在は、そのどちらも元気がない。


「花笠音頭」は、約百年。

「山形花笠まつり」は、約五十年。

「真室川音頭」は、約六十五年。

「河内音頭」最古から、約六百年。
「河内音頭」原型から、約百五十年。
「河内音頭」宗家から、約百年。
「河内音頭」ヒットから、約六十年。
「東京音頭」は、約八十五年。

民謡「〇〇節」

大正期後半から昭和初期は「新民謡」のブームがあった。地方自治体や地方企業の依頼で、その土地の観光地・名産品などを織り込んだご当地ソングを作るのだ。レコード産業の勃興期であり、NHKラジオ放送が始まった時期でもあるからだろう。新民謡のいくつかは、古くからあるように思われている。

ここでは、前項の音頭に続いて、もう一つの一大民謡ジャンル「〇〇節」を。

「ちゃっきり節」（静岡）

〽唄はちゃっきりぶし
男は次郎長
花はたちばな　夏はたちばな　茶のかおり
ちゃっきり　ちゃっきり　ちゃっきりよ
きゃあるが啼《な》くんて　雨ずらよ

（作詞・北原白秋／作曲・町田嘉章）

昭和二年（一九二七）、静岡市近郊に「狐《きつね》ヶ崎《さき》遊園地」なるものがオープンした。その宣伝用に、静岡鉄道の依頼によって作られた。新民謡だが、CMソングでもある。

当時、白秋はすでに有名詩人だった。依頼を受け、取材と称して静岡の花柳街で芸者遊びを続け、いっこうに作詩をしないまま長逗留《とうりゅう》していた。豪遊続きで、ちっとも作詩を始めないため、スポンサーが依頼を取り下げようとしたところ、古い芸者さんの方言にヒントを得て、三十番まであるこの長い詞を書きあげたという。

四年後、芸者歌手・市丸が歌って大ヒットした。歌詞に方言が入っているので、古くからある民謡だと思われがちだ。

「武田節」（**山梨県**）

〽甲斐《かい》の山々　陽に映えて
われ出陣に憂《うれ》いなし
おのおの馬は飼いたるや
妻子につつがあらざるや　あらざるや　（作詞・米山愛紫／作曲・明本京静）

昭和三十六年（一九六一）、三橋美智也が歌ってヒットさせた。民謡風歌謡曲なのだが、武田信玄を歌っており、間奏で風林火山の詩吟まで入るものだから、伝統感が強い。

「ドンパン節」（秋田）

〽ドンドン　パンパン　ドンパンパン
ドンドン　パンパン　ドンパンパン
ドド　パパ　ドド　パパ　ドンパンパン
うちの父ちゃん　はげ頭
隣の父ちゃん　はげ頭
はげとはげとが　喧嘩《けんか》した
どちらも怪我《けが》ねで　よかったね

秋田県に高橋市蔵（円満蔵）という大工がいた。棟上げ式の時、いつも即興で祝い唄の甚句《じんく》を歌う。昭和十年（一九三五）頃、それを大衆向けに編曲したものが、ドンパン節。なるほど、この不思議な歌詞は、大工さんが仕事をしながらのはやし言葉だったのか。

戦後、横手市の芸者衆の間でお座敷歌として歌われていたのを、昭和二十九年（一九五四）、民謡歌手・鈴木正夫が歌って全国区にした。

「安来節《やすぎぶし》」(島根)

〽出雲名物　荷物にならぬ
　聞いてお帰れ　安来節

安来節は、歌よりも、「アラエッサッサー」という掛け声と、「どじょうすくい」の踊りのほうが有名だ。女性たちの、絣《かすり》の着物に赤だすきという衣装から、伝統的な民謡と踊りのように見えるが、歴史は新しい。明治末に、渡部お糸という女性が大成させた。

明治三十八年(一九〇五)、東京から島根に来た文部省の役人に、お糸が安来節を披露すると、「出来栄《できば》え抜群で役人は驚き、郷土芸能として保存せよと激励する」とある。

女踊りは、若い娘たちが着物の裾《すそ》を一尺ほど上げて踊るから、白いふくらはぎがチラチラ見えて色っぽい。当時は、そんなもので大評判になったのだ。大正時代だ。評判を聞きつけ、創業間もないあの吉本興業の林正之助が島根まで出かけ、安来節の踊り子たちをスカウトしてきたのは有名だ。大阪の劇場に上げたら、押すな押すなの大評判。東京でも興行は大ヒットした。大正末から昭和はじめにかけ、東京・大阪の両都市で同時に人気になった。ゆえに、比較的新しい地方の歌と踊りでありながら、抜群の知名度と伝統感を誇る。

「ちゃっきり節」は、約九十年。
「武田節」は、約五十五年。
「ドンパン節」は、約八十五年。
「安来節」は、約百十五年。

民謡と万葉集

ここまで書いてきてあらためて、「なぜこんなに新しい民謡が多いのか？」と不思議に思った。そしてもう一度チェックしてみた。二つ前の「〇〇音頭」の冒頭で、こう書いている。

《民衆の間で古くから歌われてきた伝統的な歌が「民謡」だ》

なんということだ！　すでにここから、私の認識が間違っていたのだ。

「民謡」という言葉は、実はずいぶん新しく、明治二十五年（一八九二）、ドイツの「Volkslied（民族の歌）」を、あの森鷗外が訳したものという。知らなかった！

むろんそういった内容の歌は以前からあり、里謡とか俚謡《りよう》、鄙歌《ひなうた》、俗謡、巷歌《こうか》などと呼ばれていた。里や俚は「さと」「いなかじみた」という意味だから、地方の民間で歌われる歌ということ。以前はそういうさまざまな呼ばれ方で、統一された名前はなかったのだ。

とはいえ「民謡」という言葉そのものは、『日本三代実録』（九〇一年）の頃からある。が、意味が少し違い「民衆の間で、政治や社会に対して広がる不穏な歌」というような例で使われている（八八〇年の記述）。あまり一般的な言葉ではない。それを、ドイツ好き（なにせドイツに留学して、『舞姫』を書いた人だ）で、教養のある鷗外が、訳語として古い言葉を引っ張り出してきた。おそらく当時はちょっと高尚で、それでいてロマンチックな言葉だったのだろう。

辞書では、「民謡はヨーロッパで生まれた用語と概念で、今日ではアメリカ大陸でも、また、日本を含めたアジアの諸地域でも使用されている」とある。そしてその概念の元になった「Volkslied」は、ドイツ人思想家・文学者J・G・ヘルダーによる造語だった（十八世紀末）。

ヘルダーは、ドイツの文学運動シュトルム・ウント・ドラング（疾風怒《しっぷうど》濤《とう》）を指導し、若きゲーテやグリム兄弟に大きな影響を与えたロマン主義の人。ひらたく言えば、「古くからわが民族の間に伝わる、野性的で感性あふれる魂の歌があるはずだ！」という理念先行で作った新しい言葉が「Volks= 民衆・民族 +Lied= 歌」だ。英語だと「folksong」になる。

当時のドイツはヨーロッパの中では遅れた地域。まだ各地は分かれ、王侯貴族たちが治めていた。そんな中で「わが民族には、共通して古くから伝わる民衆の歌がある」と提唱した気持ちは、わかる。

さっそくヘルダーは、ドイツ各地に昔から伝わる生き生きとした民衆の歌を集めて本を出した。「Volkslieder」(一七七八年)。……だが、残念ながら、実際にはそんなものたいして数がなかったようだ。理想と現実とは違う。

少し遅れてドイツの国家形成コースを追い始めたのが、明治の日本だ。やはり民族意識を高めて統一近代国家を作っていかなければならない。いろんな分野でドイツをお手本にした。おそらくその一環で、「Volkslied」を「民謡」と翻訳して輸入したわけだ。言葉だけでなく、その民族思想も一緒になって。しかしやっぱり、実際にはそんなものたいしてなかった。どこの国でも、理想と現実とは違う。

森鷗外が訳した「民謡」という呼び名は一向に広まらない。だって「理念先行」の「造語」を「輸入」して、「古い漢語」で「翻訳」したのだから、そりゃそうだろう。十数年かけて定着させていったのは上田敏だという。しかし実際に広まるのは大正後期、北原白秋、野口雨情、西條八十といった人々が民謡を創作しだしてからだ。「伝承された民族の歌がなければ、作ればいいではないか」というわけで、それで作詞・

作曲者が明らかになっている「民謡」が多かったのか！　と今ようやく腑《ふ》に落ちた。

ところが、この「Volkslied（民族の歌）」思想によって見出《みいだ》されたのが『万葉集』だったというから面白い。『万葉集の発明（品田悦一）』という本によって大雑把に理解すると、こうなる。

もちろん万葉集そのものは古い（七〜八世紀）が、「一般には書名すら知られていないという状態が、まず明治の中頃までは続いていたと見なくてはならない」

という。ビックリだ。だって、学校では「万葉集とは天皇から名もなき庶民までの歌が収められ、ずっと日本人に愛されてきた国民的歌集」だと習ってきた。しかし、当時までの評価は、もちろん内容は素晴らしい上で「日本最古」と「素朴・雄渾《ゆうこん》」であった。そこに「天皇から名もなき庶民までの歌が収められた民族の歌」という視点（品田氏は「国民歌集観」と呼ぶ）が加わった。

「万葉国民歌集観の成立時期は一八九〇（明治二三）年前後の十数年間に求められる」という。

なるほど。「Volkslied（民族の歌）」という考えを輸入して国内の「民族の歌＝民謡」を探したが、それはなかった。しかし我々には「民族の歌＝万葉集」があるじゃないかという発見があった、ということか。

万葉集の中で私が知っている歌など、恥ずかしながら数首しかない。そのくせ、なんとなく誇らしく思っていた。歌の意味もよくわからないのに誇らしく思う理由はなんだろう？……と分析してみれば、それは「天皇から名もなき庶民までの歌が収められた」ものを、「我々の御先祖がずっと愛してきた」ということだった。明治の日本が輸入した民族の歌という思想は、しっかり根付いていたわけだなあ。

「万葉集」から、約千二百五十年。

ドイツの「Volkslied」から、約二百四十年。

それを約した「民謡」から、約百三十年。

国民歌集「万葉集」から、約百三十年。

「民謡」が定着してから、約百年。

津軽三味線のパッション

三味線は、和楽器（琴、琵琶《びわ》、横笛、笙《しょう》、篳篥《ひちりき》、鼓《つづみ》など）の中では、比較的歴史が浅い。十六世紀末、琉球《りゅうきゅう》貿易によって中国の三絃が伝えられ、日本の三味線になった。豊臣秀吉の頃だ。

江戸時代中期に日本独自の三味線ができあがった。浄瑠璃（義太夫《ぎだゆう》、文楽）歌舞伎《かぶき》、新内、清元……と、のちに日本の伝統芸と呼ばれることになる芸能は、当時の新しい楽器である三味線とともに生まれたわけか。

江戸、京、大坂などの大都市だけでなく、三味線は各地の土着芸能と融合して、独自に発達していく。

もっとも有名なのが、津軽三味線だろう。原型は、新潟地方の瞽女《ごぜ》（女性の視覚障《しょう》碍者《がいしゃ》の門付け芸）の三味線と言われる。北前船によって津軽に伝わった。津軽は地理的に中央文化と離れていたので、独自の発展をすることになる。

やがて、地元でボサマ（坊様）と呼ばれる男性の視覚障碍者による門付け芸が始まる。家々を回って、軒先で三味線を弾き、お米やお金をもらう。長い間、蔑《さげす》まれてきた。

幕末、五所川原に生まれたボサマ・仁太坊が「叩《たた》き奏法」を生み出し、津軽三味線の原型を作ったという。

明治になると、祭りがあれば、神社の境内にずらりとボサマが並び、三味線を弾く。他より目立たなければならない。より大きな音を立て、より派手なテクニックを見せる。このあたりは現代のストリート・ミュージシャンと同じだ。現代ならば、マイクとアンプを使えば大きな音が出せる。が、当時そんなものはない。

そこで、それまでは瞽女と同じ細棹《ほそざお》や中棹を使っていたのが、大きな音が出る太棹になる。バチも、速弾きができる小ぶりなものになる。奏法は、叩きつけるものになる。パッションだ！

野外、飯場、掛小屋などの悪条件下で、北海道のヤン衆（ニシン漁の季節労働者）などを相手に聞かせるのだ。精細な演奏より、本能に訴えかける強く激しい芸が求められるのは当然だろう。

津軽には「津軽三つもの（津軽じょんがら・津軽よされ・津軽おはら）」と呼ばれる三大民謡がある。三味線は本来民謡の伴奏楽器だが、時代が下るにつれ、三味線のみが独立してゆく。

仁太坊最後の弟子・白川軍八郎は曲弾きを始め、三味線を歌から独立させた。そして、門付けではなく、旅回りの民謡一座に入って演奏する道を選んだ。のちに、津軽三味線の神様と呼ばれる。

しかし実は、ここまで「津軽三味線」という言葉は使われていない。

昭和三十年代。民謡ブームがあった。それまで単に「津軽もの」などと呼ばれていたこの三味線音楽を、三橋美智也らが「津軽三味線」という名前で一般的にした。

昭和四十年代には、高橋竹山が若者の間でも人気になった。

民謡や祭りだけでなく、一見土着性が高く見える郷土芸能も、意外に歴史が新しいことがあるのだ。

三味線は、約四百三十年。

ボサマの津軽三味線は、約百五十年。

「津軽三味線」の名前が一般的になって、約六十年。

「よさこい」と「ソーラン」の関係

「よさこい」

徳島県は、昔から「阿波踊り」で有名だ。これは歴史が古く、約四百年の伝統がある。毎年百三十万人もの観光客がやってくる。

そのお隣・高知県はうらやましくてしょうがなかったのだろう。「うちにもあんなふうに、踊って盛り上がれる祭りが欲しい」

見回せば、地元には「よさこい節」があった。

〽土佐の高知の　はりまや橋で
坊さんかんざし　買うを見た
よさこい　よさこい

というあれだ。有名だし、江戸時代から歌われた伝統もある。しかし、座敷歌なので踊りがない。なければ作ればいいではないか……と始めたのが、昭和二十九年（一九五四）の、「よさこい祭り」だ。現在、その公式Ｗｅｂサイトを見ると、

《不況を吹き飛ばし、市民の健康と繁栄を祈願し、併せて夏枯れの商店街振興を促すため高知商工会議所が中心となり発足した》

と書かれている。「不況を吹き飛ばし」が第一の目的で、そのあとに、ついでみたいに「市民の健康と繁栄」があり、最後にまた「商店街振興」が出てくるところが、なかなか正直で微笑《ほほえ》ましい。

踊りに「鳴子《なるこ》」を取り入れたことが成功し、「よさこい祭り」は人気に。毎年続け、規模も次第に大きくなり、全国的にも有名になった。目的を達したのだ。

最初は、日本舞踊の振り付けを踏襲した「正調」と呼ばれる盆踊りスタイルだった。しかし、サンバ調、ロック調、フラメンコ調……と楽曲も踊りも自由にアレンジできるところがこの踊りの特徴で、見物客にも人気だ。今や「伝統的な正調との対比」と言っているが、いや、「伝統」と言っても昭和二十九年からだ。

「ソーラン節」

一方、北海道には有名なソーラン節がある。

〽ヤーレン　ソーラン　ソーラン
ソーラン　ソーラン　ソーラン（ハイ　ハイ）

沖の鷗《かもめ》に　潮どき問えば
わたしゃ　立つ鳥　波に聞け　チョイ
ヤサエンヤンサノドッコイショ（ハッドッコイショドッコイショ）

ニシン漁の時の作業歌だ。だいたい、北海道という土地に、そう古くから続く民謡があるはずがない。

源流は、青森県の「荷上げ木遣《きやり》」だと言われている。それがハタハタ漁などに用いられた。幕末、ハタハタ漁の建網漁法が、北海道のニシン漁場へ持ち込まれた。この時、その作業歌も一緒に持ち込まれたと言われる。

昭和十年（一九三五）頃、伴奏がつけられると、北海道を代表する民謡となった。

四国・高知と北海道。このまったく別の場所の、まったく接点のない歌と踊りが合体しようとは、誰が思っただろうか？

平成になって、北海道の大学生が高知を訪れた時、よさこい祭りに感動した。こんな風景を北海道でも見たい……と学生仲間たちと始めたのが、平成四年（一九九二）の「YOSAKOIソーラン祭り」だ。

これが大人気になり、以降毎年続けられ、規模が拡大した。北海道は冬の「さっぽろ雪まつり」は有名で集客力がある。が、六月上旬の季節にこれといったイベントがなかったから、地元経済界も喜んだ。

すると、この成功ノウハウを元に、全国各地で似たような「YOSAKOI系」「よさこい系」の祭りが始まった。こういったパレード形式の踊りで参加型の祭りは、主催者側の出費が少ないので、ハードルが低いのだ。

しかし、北海道はまだ「ソーラン」の地元だから縁があるが、全国各地となると、もはや「よさこい」も「ソーラン」も関係ない。けれど、この祭りが持つヤンキーテイストは、全国各地に普遍的にあったのだ。

北海道の「YOSAKOI ソーラン祭り」は本家感が出てきて、年数を重ねるごとに伝統感すら出てきた。このへん、「伝統の成立過程」を目《ま》の当たりにするようで、なかなか興味深い。しかし、うっかり「YOSAKOI」などとローマ字を使ってしまったので、いくら年数を経ようと「日本の伝統」感は出ない。

「よさこい祭り」は、約六十五年。
「ソーラン節」は、約八十五年。
「YOSAKOI ソーラン祭り」は、約二十五年。

＊＊＊

「神社仏閣」も「祭り」も「郷土芸能」も、基本的には、人々に集まってもらうことを目的にしている。そのために「伝統」を利用するのは意味がある。それでいいんだと思う。

しかし、なんらかの理由でその効果が薄れ、世間に飽きられ、やがて消えていった「伝統」だって、実はたくさんあるのだ。いいもの・立派なものだから伝統として残っているのではなく、たまたま消えずに残っているものが伝統と呼ばれている。

「強い者が生き延びたのではない。変化に適応した者が生き延びたのだ」

という言葉は、「伝統」にも当てはまるのかもしれない。

第六章 「外国」が「伝統」を創《つく》る

人は誰も、自分のことには気づきにくいものだ。今まで意識しなかったことも、他人と比べることではじめて「自分にはこれがない」、あるいは「自分はここが劣っている」と気づくことがある。

すると、相手に負けたくないので、自分の中から何かアピールできることや誇れることを探す。あるいは、これまで取るに足らないと思っていたことに価値を再発見し、それを強化していく。もしくは、あらたに何か見栄《みば》えのいいものを創る。

個人レベルでは、よくそういうことがある。家族やグループ、学校、会社レベルでも同様なことはある。

そして実は、民族レベル・国家レベルでも同じことがあるのだ。

日本は東洋なのだろうか？

東洋医学、東洋文化、東洋思想、東洋的、東洋人、東洋の真珠、東洋の神秘、古いところでは東洋の魔女、（ボクシングの）東洋チャンピオン、東洋一の鍾乳洞《しょうにゅうどう》……など。東洋という言葉はどうも、やや神秘性を帯び、伝統のある文化や美しさを表す時に、好んで使われるようだ。

もちろん、西洋に対しての東洋だ。たしかに科学技術や先進性、規模では西洋に劣るかもしれないが、それを補って余りあるポテンシャルの高さがある。歴史がある。互角、いやむしろ東洋のほうが優れている点だってあるゾ、という秘めたるプライドも感じさせる言葉だ。そして、その東洋の中で日本は重要な位置を占めている——という使い方が多い。

かつて私は『東洋一の本』という本を書いたことがある。ある年代以上の方には馴《な》染《じ》み深い「東洋一の～」という表現がある。「東洋一の鍾乳洞」、「東洋一のつり橋」、

「東洋一の高層ビル」、「東洋一のダム」とか……いっぱいある。それらはどういう基準で名乗っているのか、いつから始まったのか、ということを調べた本だ。東洋一を名乗るには、まず東洋の範囲が決まらなければならない。そこで東洋とはどこからどこまでなのか、を調べようとしたのだが、これがわからない。

結果として、「東洋」の範囲は漠としているということがわかっただけだ。

なんとなく、東洋＝アジアだと思いがちだが、ロシアのシベリア地域はどうなのだと問われれば、答えに窮する。アジアの定義はトルコから東。では、中近東のアラブ諸国も日本と同じ価値観・美意識を持つ東洋で、「おお、やっぱり日本人と同じだね。考え方が似てる」となるだろうか？　ワールドカップのアジア地区予選で、日本代表がイランやサウジなどの国と戦う映像を見ていていつも感じる違和感が、これだ。「これって、同じ地区内の予選なのか？」

しかし、対する西洋だって、実は漠としているのだ。なんとなくヨーロッパと北アメリカを思い浮かべる人が多いだろう。ではアフリカは？　あそこは西洋なのか？　でなかったら、東洋か？

梅棹忠夫《うめさおただお》は、「世界を東洋と西洋とに類別するということが、そもそもナンセンスだ」と書いている。

実はついこの間まで、日本の国語辞典には「東洋一」という項目がなかった。東洋も、西洋もある。日本一、世界一はもちろん、三国一まであるのに、なぜかエアポケットのように東洋一がなかった。私が前述の本を書いた結果、その項目が採用された。私は、「日本の国語辞典に東洋一を載せた男」になったのだ（『精選版　日本国語大辞典』〈小学館〉です。エッヘン！）。

なのでその時、東洋については調べ、識者にもうかがった。その結果を元に、少々説明しよう。

まず「東洋」とは……その文字のごとく、基本的には東の海で、広く、のどかで、道徳がゆきわたっている状態を指す。もともと、漠とした言葉なのだ。

中国では、清の時代にカンボジアとかラオスあたりを東洋諸国と呼んでいる。地図を見ればわかる。東でも洋でもない！

やがて、東の洋に浮かぶ国＝日本のことになる。中国では、東洋とは日本のことなのだ。だから、明治になって日本が発明した人力車を「東洋車」と呼び、日中戦争の時は日本人を「東洋鬼」という蔑称《べっしょう》で呼んだ。

その日本では、幕末に佐久間象山が「東洋道徳、西洋芸術」という言葉を使ったあたりから、西洋に対する東洋（アジア）という意味が出てくる。那珂《なか》通世《みちよ》という歴史学者が「東洋史」という言葉を提唱するのは日清戦争の年。が、その実態はほぼ中国史（東アジア史）だ。

　これに少し先だって自由民権運動の本では「この本に東洋と書くけれど、これは（アジアではなく）日本のことだ」とことわっている。わざわざことわるということは、すでに「東洋とは、日本を含むアジア」という考えが一般的だという証拠だ。それを前提に、今度はあらためて「東洋は日本単体のこと」と主張しているのだから、大変ややこしい。これは一体どういうことか？

　察するに、武力を背景に押し寄せてくる欧米列強（西洋）に、日本が一国のみで立ち向かうには、心細かった。西洋に伍《ご》する「東洋」という大きな概念があると心強い（言わずもがなだが、当時の中国＝清は、すでにアヘン戦争を機に西洋に食い物にされ、ボロボロになっている）。

　迫りくる外国に対して、日本には「東洋」が必要だったのだ。

　昭和十二年（一九三七）、津田《つだ》左右吉《そうきち》が『支那《シナ》思想と日本』という本を著している。そこには、

　一、アジア（東洋）地域に共通する文化などない。

一、だから、東洋なんてものはない。
一、西洋に対抗するために、日本だけでは心細いから、東洋という言葉を使った。
一、東洋とは日本である。
……と書かれている。

こうしてもう一度、冒頭の、東洋医学、東洋文化、東洋思想、東洋的、東洋人、東洋の真珠、東洋の神秘、東洋の魔女、（ボクシングの）東洋チャンピオン、東洋一の～……といった言葉群を眺めると、ある種の感慨が浮かんでくるというものだ。

東洋とは、もともと文字通り東の海のこと。
西洋に対する東洋という意味になって、約百六十五年。
日本の拡張した姿を東洋と呼ぶようになって、約百二十五年。
（しかし中国では、東洋とは日本のこと）

武士道はあったのか？

ほとんどの日本人の先祖は、百姓か町民だろう。別に恥ずべきことではない。が、「ウチの先祖は武士でして」と言ってみたくなる。それは武士が士農工商の頂点にあった（武士階級は、家族も含め全人口の十％程度）から、というだけではない。

実際には貧乏侍も多く、時代劇のお代官様みたいに品性に欠ける武士がいたのも知っている。だが基本的には、武士階級に育ったなら厳しい躾《しつけ》を受け、倫理観と道徳観を教育され、文武両道、凛《りん》とした矜持《きょうじ》を受け継いでいるはずだ……と思っているからだ。

その拠《よ》り所になっているのが『武士道』だ。旧五千円札の人・新渡戸《にとべ》稲造《いなぞう》（現在は、樋口一葉）が著した本だ。目次だけを見ても、

第一章　道徳体系としての武士道

第二章　武士道の淵源《えんげん》

第三章　義
第四章　勇・敢為堅忍の精神
第五章　仁・惻隠《そくいん》の心
第六章　礼
第七章　誠

……とこんな感じで十七章まで続くのだ。実にどうも、堂々としている。「へへーっ」とひれ伏したくもなる。

今は庶民でも、先祖が武士なら、自分の中にもこういった立派な道徳的精神が連綿と伝わっているはず——という思いから、「ウチの先祖は武士でして」と言ってみたくなるわけだ。

しかし実は、新渡戸稲造が著した本の正式タイトルは、『武士道』ではない。『Bushido : The Soul of Japan』

新渡戸は最初、この本を英語で書いた。明治三十三年（一九〇〇）、アメリカ・フィラデルフィアでの出版だ。日本語訳の『武士道』が出たのは、ようやく明治四十一年（一九〇八）。なぜ英語で？　なぜアメリカで？

武士、武者、侍……色々な言い方がある。その起源にも色々な説があるが、源氏・平家ができた頃と見れば、平安中期になる。やがて貴族から政権を奪い、血みどろの覇権争いを繰り返して、江戸時代になる。我々が「武士」という言葉でイメージするのは、だいたいこの時代からのことだろう。

しかし、その長い歴史の中で、「武士道」という言葉は、ほぼ使われていない。当の新渡戸自身が、出版後三十年経《た》って、

「その頃武士道という言葉は、あまり世の中で使わなかった」

「イギリスの日本研究者チェンバーレンを始め、日本の事物に詳しい人々は、自分はかつて日本に長くいたが、武士道という言葉は聞いたことがない、昔の日本にもそんなことはないと言っている」

と回顧している。過去の使用例を教えられ、自分の造語ではなかったと知るほどだ。『甲陽軍鑑』にその言葉があった。江戸のはじめだ。しかしここでの武士道は、おもに戦陣での働きについての言葉。対して、新渡戸の武士道は道徳色が強い。それもそのはず。彼がドイツに留学している時、

「日本の学校には宗教教育がなくて、どうやって道徳教育を授けるのか？」

と言われたことで（おそらくは、カチン！ときて）考え、その後十年ほどたってアメリカにいる時、
「日本には武士道がある！」
と著したものだからだ（新渡戸は南部藩の武士階級出身。キリスト教信者の、教育者）。

なので、「武士道は、ヨーロッパにおける騎士道とは姉妹みたいなもの」と言い、そこには「ノーブレス・オブリージュ（大なる特権と、それに伴う大なる責任）」があると主張する。つまり「日本人は、武士道によって道徳教育がなされているのだ」というのが、新渡戸が発明した答えだったのだ。

著した年（一九〇〇年）もポイント。日本は、日清戦争（一八九四年）勝利で世界にデビューしたものの、期待したほど評価は上がらず、野蛮な国と見られていた。なので、「いや、そうじゃない。日本は道徳の行き届いた国なんだ」とプロパガンダを行う必要もあった。だから英語なのだ。

実際、この本を贈られたアメリカ大統領セオドア・ルーズベルトが感動したのは、有名な話だ。ルーズベルトは、日露戦争（一九〇四年）講和の仲介役を引き受けている。

一方で、武士道を語る時にもう一つセットになるものがある。佐賀藩士・山本常朝が口述した『葉隠《はがくれ》』（江戸中期）だ。これには「武士道というは、死ぬ事とみつけたり」という有名な一文がある。この一文を切り取って、太平洋戦争末期には特攻や玉砕の理屈に都合よく使われた。実は『葉隠』のほとんどは、（サラリーマン処世術に近い）ビジネスマナーや気配りのすすめが書かれているのだが、それを挙げる人は少ない。

新渡戸の『武士道』の最後はこうなっている。

第十六章　武士道はなお生くるか
第十七章　武士道の将来

この終章では、「武士道から平民道へ」と提唱しているのだが、これを挙げる人も少ない。

万事、威勢がよくて、ヒロイックなほうが訴求力が強い。

武士は、約千百年。
武士道という言葉は、約四百二十年。
『葉隠』の武士道は、約三百年。
新渡戸が著した道徳的な『武士道』からは、約百二十年。

演歌は「日本人の心の歌」なのか？

女性ならば着物を着て、こぶしを回して絞るように歌う。男性ならばホストのようなスーツを着て、女心を切々と歌う。歌の内容は、涙、酒、未練、港町、別れ、悲恋、故郷、耐える女、待つ女、忍ぶ恋……といったもの。だいたいこのへんが「演歌」のイメージだろう。こういった演歌は「日本人の心」だと言われる。

だが、一定の年齢以上の方なら思うだろう。かつて、あの手の歌はみんな単に「歌謡曲」と呼ばれていた。いつから「演歌」なんてものになったのか？　と。

スピーチの訳語として「演説（演舌）」という言葉を作ったのは福沢諭吉。それを歌でやる演説歌から「演歌」という言葉ができた。自由民権運動の明治二十年代だ。有名な川上音二郎の「オッペケペー節」が最初のヒット曲で、明治二十二年（一八八九）頃。これは大日本帝国憲法発布の年だ。

〽権利幸福嫌いな人に　自由湯をば飲ましたい

オッペケペ　オッペケペッポーペッポーポ

「演歌」の始まりはここだ。自由民権思想の普及、政府批判を歌で行うもの。他に似たような「ヤッツケロ節」「ダイナマイト節」なんてものもあったようだ。

こうした演歌が「日本人の心の歌」かというと、〝?〟と思う。当時、政治的意見を言えばすぐに弾圧される世の中だった。そこで、「これは演説ではなく歌ですよ」という形で民衆の不満を歌ったから大ヒットしたわけで、そういう意味では、真の「日本人の心の歌」かもしれないが。

大道で、三味線、のちにはバイオリンなどを使い、時々の政治風刺を歌い、その歌本を売るという連中が「演歌師」と呼ばれるようになる。自由民権運動が下火になってくると、政治風刺から次第に滑稽味《こっけいみ》のある社会風刺になってくる。添田唖蟬坊《そえだあぜんぼう》が「まっくろけ節」などを歌う。

〽箱根山　昔ゃ背で越す　駕籠《かご》で越す　今じゃ寝ていて　汽車で越す
トンネルくぐれば　まっくろけのけ　オヤオヤまっくろけのけ

唖蟬坊の「のんき節」を、昭和に入ると、弟子筋の石田一松がアレンジして、ヒットさせた。

〽とかく戦争は勝たねばならぬ　なにがなんでも勝たねばならぬ

勝たねば我等の敗けになる　へへ、のん気だね

とやって官憲に引っ張られている。この人など吉本興業に入っているから、のちのウクレレ漫談とかギター漫談の元祖みたいなものだ。だから、

♪あ〜あぁ、ヤンなっちゃった〜

は、実は「演歌師」の正当な後継者とも言える。

♪なんでだろ〜　なんでだろ〜

もそうだ。

先に進みすぎた。昭和のはじめに戻ろう。この頃から、レコード歌謡が盛んになる。大資本が大量宣伝でプロが歌うレコードを売り始めると、大道で素人《しろうと》っぽいオリジナルの歌を歌い、歌本を売っていては、とても太刀打ちできない。そこで彼らは、盛り場を回って、ヒットしたレコード歌謡を歌う「流しの演歌師」となった。

ここからは、レコードで出されるプロの歌は、一貫して「歌謡曲」「流行歌」と呼ばれる。

戦後になっても、それは変わらない。よく知られているように、美空ひばりは「ブギの女王・笠置《かさぎ》シヅ子」の物まねから始まっている。デビュー曲は「河童《かっぱ》ブギウギ」（霧島昇「楽しいささやき」のB面）。A面デビュー曲「悲しき口笛」の衣装は、シルク

ハットに燕尾服《えんびふく》だ。出発は「洋楽」だった。

少し遅れて昭和三十年前後に登場した三橋美智也は「民謡調歌謡曲」、三波春夫、村田英雄は「浪曲調歌謡曲」と呼ばれた。春日八郎は「望郷歌謡」。当時、誰も「演歌」とは呼んでいないのだ。面白いことに、「演歌調歌謡」という言葉すらある。古臭く、田舎臭い、日本的な歌のことを言っている。

戦後はジャズがブームになっている。もっとも外国の音楽はみんな「ジャズ」で、その中にはラテン、ハワイアン、タンゴ、シャンソン、カントリー、ヨーデル……など、なんでも含む。「歌謡曲」というのはずいぶん間口が広い言葉で、ムード歌謡、リズム歌謡、ラテン歌謡、都会派歌謡……などという名前で、そのほとんどと折り合ってきた。ここまでは、歌謡曲はうまく外国を取り込んできたのだ。

しかし昭和四十年代に入って、フォークソングとグループサウンズ（GS）が登場する。この洋楽色の強い歌は、「歌謡曲」というジャンルの中で爆発的に急拡大した。GSは急速に萎《しぼ》んでロックに代わったが、そのバックボーンにビートルズを持つことから、新世代カルチャーへの移行という世界的な流れも背負っているのが強かった。するると、旧世代で洋楽色の弱い歌は、生き残りのため、自らの特徴をアピールしなければならない。

その頃、五木寛之は「艶歌《えんか》」という小説を書いている（昭和四十一年・一九六六）。ここでは、演歌は古臭いが、洋楽のジャズやブルースに負けない「民族の情念」があり、土着で「孤立無援の人間の歌」のような音楽だと描かれている。外国に刺激されたことで、日本的な要素を再発見し、演歌を再定義したわけだ。和魂洋才のようなものだ。我々は外国に劣っているわけではない。古い中にいいものがある、と。

この考え方は、当時の学生運動挫折《ざせつ》組にも受け入れやすかった。やくざ映画人気と同じだ。組織ではない、個人の踏ん張りだ、たとえ報われなくても、と。あまり一般的にならなかったが、「怨歌《えんか》」という文字も使われた。

そして昭和四十四年（一九六九）、藤圭子がデビューする（若い方には、宇多田ヒカルの母親と言わないとわからないだろうが）。三味線瞽女《ごぜ》の母について門付けして回り、極貧生活で……というプロフィールは、実はデビューにあたって色付けされたもの。かつての「流しの演歌師」のイメージをなぞり、五木寛之が作った「演歌」の再定義を多分に意識したものだった。

彼女のファーストアルバムのタイトルは「新宿の女／演歌の星・藤圭子のすべて」。意図的に「演歌」を押し出している。

このあたりから、演歌は「日本人の心の歌」というポジションを得た。一九七〇年代、演歌は「新ジャンル」となって生まれ直したのだ。すると、それまで「民謡調歌謡曲」や「日本調歌謡曲」だった歌手たちは、自らのスタイルを意識的に「演歌」に寄せていく。歌い方のこぶしや唸《うな》りは「情念」を表し、ステージ衣装の着物は「日本」を表す。

いつの間にか、こうした歌手たちはずっと昔から「演歌」を歌っていたような気がしてくる。青江三奈も、八代亜紀も、前川清も、デビュー以前はクラブ歌手としてジャズやオールディーズを歌い、そういうジャンルのほうが好きだったのに、だ（なのでみんな、成功したあとは、ビッグバンドを従えたジャズアルバムを出している。あの美空ひばりだってそうだ。そして、びっくりするほどうまい）。

新ジャンルである「演歌」は、日本経済の繁栄とともに八〇年代を謳歌《おうか》した。しかし、昭和が終わり、日本経済が長い低迷に入るのに合わせるかのように、次第に勢いを失っていく。

一方で、同じく新ジャンルのフォークも、すでに新鮮さを失っていた。初期のフォーク（とくに関西フォーク）にはプロテスト色があった。素人くさい歌手がメッセージ性の強いオリジナルソングを歌うという意味で、考えてみればフォークこそが、川上音二郎・添田唖蟬坊・石田一松に連なる「演歌」の正統な後継者とも言えた(さらに、その後継者はラップになるのかもしれない)。が、フォークはその演歌の側面を切り捨て、都会派洋楽色を強く打ち出したニューミュージックへと名前を変えた。やがてそれも古臭くなり、J-POPへと名前を変える。

ところが二十一世紀に入ると、「昭和歌謡」という大きな括《くく》りの中に、一九六〇年代~八〇年代の歌謡曲も、アイドルソングも、フォークも、GSも、そして演歌も、みんな入れられてしまうのだ。ずいぶん乱暴な括り方だなあ。さすが、間口が広い「歌謡曲」という言葉ならではだ。

「昭和歌謡」には「よき時代の、日本人の心の歌」というコンセプトがある。時代が「令和」になったことで、「昭和」という記号はより郷愁を帯びてきた。「演歌」で創り出された伝統は、「昭和歌謡」に受け継がれたとも言える。

福沢諭吉が翻訳した「演説」から、約百四十五年。

川上音二郎が歌った「演歌」から、約百三十年。

流しの「演歌師」から、約九十年。

五木寛之が再定義した「演歌」から、約五十年。

木彫りの熊《くま》とけん玉

民芸品や郷土玩具《がんぐ》というのは、その土地に古くからある伝統的なものが多い。が、中にはけっこう新しいものがある。いや、それどころか、もともと日本ではなく外国からやって来たものだってあるのだ。

「木彫りの熊」

北海道の民芸品「鮭《さけ》をくわえた木彫りの熊」は有名だ。北海道の伝統工芸だというイメージが強い。いや、北海道としての歴史は浅いので、きっと古くからその地に住むアイヌ民族に伝わる伝統工芸だろう、と思う。

しかし、アイヌの伝統文化に具象物の彫刻はないと言われている。では、あの木彫りの熊は、いつ、どこから来た伝統なのか？

北海道（蝦夷地《えぞち》）のアイヌ民族と、和人（本州の日本人）との交流は古くからある。

交易もあるし、争いもある。江戸時代になって、渡島半島南部に松前藩ができた。

その渡島半島中ほどに、現在「八雲」という名前の町がある。享和《きょうわ》元年（一八〇一）、ここの太平洋側に日本最北の関所が置かれた。山越内関門という（当時、ロシアからの接触で、幕府の蝦夷地への関心が高まっていたから）。つまりこの場所は、アイヌと和人の交易の境界地だった。

そして明治維新となる。尾張徳川家は、失業した家臣団をこの地に移住させ、生計が立てられるようにしようと考えた（八雲という地名は、この時、十七代当主・慶勝がつけた）。そこで、明治十一年（一八七八）、北海道開拓使から百五十万坪の土地を無償で払い下げてもらう。尾張は徳川の御三家だが、維新の時は官軍側だったので、明治政府からは優遇されていたのだ。

士族移住に続いて、小作移住も始まる。そして開拓が始まった。なんといっても元御三家で財力がある。他の地域の北海道開拓と比べ、だいぶ恵まれたものだったようだ。

やがて明治四十一年（一九〇八）、尾張徳川家の当主が第十九代・徳川義親となる。のち昭和五十一年（一九七六）まで存命し、「最後の殿様」と呼ばれることになる人物だ。この人にはあだ名が多く、他に「虎《とら》狩りの殿様」「熊狩りの殿様」というのもある。そう、熊狩りだ。大正七年（一九一八）、義親は八雲を訪れ、はじめて熊狩りを行っているのだ。気に入ったらしく、それから毎年、この地を訪れて熊狩りを楽しんだ。殿様は気楽なもんだ。

そして大正十年（一九二一）から翌年にかけ、義親はヨーロッパ旅行に出かける。さらに気楽だ。が、その時、スイス・ベルンで土産物として売られている「木彫りの熊」を見つけた。ベルンは市の紋章に「熊」が描かれている。そもそも、ベルンの語源はベア（熊）だとも言われているのだ。義親は他にもペーパーナイフ、お盆、菓子皿……などといった品を買い込み、帰国後、八雲にそれらを送った。なぜか？

義親は八雲で熊狩りをする時、アイヌの人たちをガイドに山の中に入り、何日もあちこちを巡っていた。すると、庶民の生活を見ることになるのだ。移住した士族たちは比較的恵まれていたが、小作人たちは苦しい生活をしているのを知る。そこで、彼らに何か現金収入の道はないものか？……と思うようになったのだ。殿様、ただ気楽に熊狩りをしているわけではなかったのか。これまで失礼な書き方をして、申し訳なかった。

当時、ヨーロッパやロシアではペザントアート（農民芸術）運動というものが盛んになっていた。農民が、農閑期や雨の日など、手作業でおもに木製の家具や小物などを作り、売る。今でいう民芸品だ。

義親は、八雲の農民たちにそれを作らせようとしたのだ。当時、徳川農場と名付けられた場所で、ヨーロッパで買い込んできたさまざまなペザントアートを見せ、「こんなようなものを、何か作ってみなさい」と言った。

そして大正十三年（一九二四）、八雲で「第一回農村美術工芸品評会」を開催する。出品点数は千九十八点。木彫品、木細工、竹細工、藁《わら》細工、染色、織物、刺繡《ししゅう》など、色々なものが集まった。その中に、酪農家・伊藤政雄が作った木彫りの熊があったのだ。参考にしたスイスのものと同じく、鮭はくわえていない。これが、第一号だ。

おりしも大正十四年（一九二五）、柳宗悦《やなぎむねよし》、浜田庄司、河井寛次郎によって「民藝」という言葉が作られ、翌年から「民藝運動」が始まる。そういう時代風潮にあっていた（というか、先行していた）のだ。その後も毎年品評会が開かれ、出品される木彫りの熊の数が増えてきた。最初は、何を八雲名物にすればいいのかわからず、さまざまな物が作られた。が、次第に木彫りの熊の人気が高くなってくる。やがて、東京や他の場所で開かれる博覧会などで、八雲の木彫りの熊は賞を獲《と》り、だんだん注文が入ってくるようになった。

そのうちに、「スイス製のお手本を見るだけでは、どうもうまく作れない。実際に熊を見ないと、いいものができない」と義親にお願いする。アートとしての創作意欲が高まってきたわけだ。すると義親は、なんと農場内に飼育用の檻《おり》を作り、本物の熊を二頭そこで飼うことにさせた。さすが熊狩りの殿様だ。これで十分に観察ができるようになり、木彫りの精度が上がった。

昭和初期には、木彫りの熊はかなり人気になっていた。八雲の製品は、札幌、函館、旭川などで売られるようになる。

昭和六年（一九三一）頃からは、八雲製品をモデルに旭川でも作り始めた。旭川は明治時代から、土産物としてアイヌ民具が売られていて、熊をよく知るアイヌの人たちもいた。このへんで、吠《ほ》え熊、鮭くわえ熊、岩登り熊……などさまざまな形態も生まれる。

しかし戦後、徳川農場が閉められたことで、八雲では木彫りの熊が作られなくなった。なので、昭和三十年代には、木彫りの熊の七割は旭川製になった。

昭和四十年代には北海道土産として大人気になった。中には、実は長野産、さらには台湾産、韓国産もあったようだ。

「北海道・アイヌ文化の伝統工芸なのに！」

と怒りたい気もするが、よく考えれば、元は「スイスの伝統工芸」なのだった……。現在は、残念ながらあまり売れないようだ。しかし八雲には、「木彫熊北海道発祥記念碑」がある。ちゃんと「北海道」の文字が入っているところが、いい。だって「木彫熊」だけだと、発祥記念碑はスイス・ベルンに建てなければならない。

「けん玉」

けん玉の原型となった玩具は、古くから世界各地にある。一本の棒と、玉あるいは輪っかを紐《ひも》で結び、うまく入るかどうか……という遊びは単純で意外に難しいから、どこで発生しても不思議ではない。北米大陸の先住民族や、アイヌ民族にもある。大流行したのは、十六世紀のフランスで、当時の王様アンリ三世まで遊んだという記録が残っている。

「一五八五年の夏、街角で子供たちがよく遊んでいる『ビル・ボケ』を、王様たちも遊ぶようになった」

この「ビル・ボケ」が、そうだ。「Billeboquet」だから、「ボール・花束」。この頃はまだ単純なもので、一本の棒と玉が紐でつながっているだけ。玉が大きいので、うまく乗せた時は、たしかに「花束」に見える。

日本の文献ではじめて登場するのは、江戸時代も後期に入って、『拳会角力図会《けんさらえすまいずえ》』（一八〇九年）だ。「すくいたまけん」という名前。少し遅れて『嬉遊笑覧《きゆうしょうらん》』（一八三〇年）に、「拳玉《けんだま》」という名前が登場する。そこに「安永六、七年ごろに出てきた」とある。一七七七、八年だ。つまり、それまで日本にはなかったというわけだ。ヨーロッパで流行《はや》ったものが長崎から入ってきたのではないか、と考えられている。先例があるからだ。これに先立つ江戸中期、中国から長崎に入ってきて大流行したのがヨーヨーだ。当時「手車」と呼ばれた。享保年間に大坂・京都、そして江戸でも流行した（これもまた、日本の伝統玩具ではないのだ）。が、「拳玉」はここまではまだ単純なもので、一本の棒と玉があるだけ。それに酒席の遊びだった。日本の伝統玩具ではない上に、子供の玩具でもなかったわけだ。

明治になってから、子供の遊びとして紹介された。

そして大正八年（一九一九）、広島県呉市の江草濱次という人が、現在のような両側に受け皿を持つけん玉を「日月ボール」として実用新案登録した。同じ広島県の廿日《はつか》市《いち》市は木材の扱いで有名だったので、ここで生産を開始。その後何度も大流行し、最盛期は年間三十万本も作られたという。廿日市市には、現在「けん玉発祥の地の碑」が建っている。

木工品だし、玉を乗せて立てればなんとなく「こけし」にも似ている（実は「こけし」もそう古いものではなく、江戸中期以降だと言われている。名前が「こけし」に統一されたのは昭和に入ってから）。各地で民芸品風の彩色をほどこしたけん玉も多く作られたので、古くからある日本の伝統郷土玩具っぽくなった。

さらに二十一世紀に入って、これがアメリカのストリート・カルチャーに出会った。彼らは独自に「技」を開発し、ヒップホップ音楽とも融合し、現在「KENDAMA」として人気になっている。

フランス→日本→アメリカ。

伝統は容易に国境を越える。

スイスで、熊を由来にベルンの街ができて、約八百三十年。

尾張徳川家の家臣団が北海道・八雲に移住を始めて、約百四十年。

徳川義親がスイス・ベルンで木彫りの熊を購入してから、約九十五年。

八雲で木彫りの熊が作られて、約九十五年。

旭川で木彫りの熊が作られて、約八十五年。

フランスで「ビル・ボケ」が大流行して、約四百三十年。
長崎から日本に伝わって、約二百四十年。
「拳玉」という名前になって、約百九十年。
日月ボールの「けん玉」になって、約百年。
「KENDAMA」になって、約五年。

マトリョーシカとアロハシャツ

「木彫りの熊」や「けん玉」は、比較的新しく外国から日本に入ってきたのに、昔から日本にある伝統のように思えるものだ。そして、その逆のパターンもある。

「マトリョーシカ」

一九〇〇年（明治三十三）、パリ万博があった。そこにロシアから出品され人気になったのが「マトリョーシカ」だ。あの、中からだんだん小さな人形が出てくる入れ子細工の玩具だ。

ロシアに昔から伝わる伝統的民芸品の印象があるが、この時の登場だと意外に歴史が浅い。いやそれどころか、実はもともとロシアにはなかったものだ。

マトリョーシカの由来にはいくつか説があるが、比較的信頼性が高いのは、日本が起源だという説だ。

箱根は、戦国時代から木工品が有名だった。

江戸時代に入ると、東海道を往来する人や湯治客を相手に、「十二卵」という土産物が誕生する。これは木工で、上下に分割できる卵（中は空洞）を作る。その中に少し小さな卵、またその中にもう少し小さな卵……となっている「入れ子細工」だ。全部で十二個の卵になるので、十二卵。熟練の腕が必要なのはいうまでもない。なにしろ、旅人相手の土産物だ。かさばらないというのが人気だった。

明治に入って、どれもこれもつるんとした卵じゃ芸がない……と思ったのかどうか、七福神の人形で作ることになった。一番大きな福禄寿《ふくろくじゅ》から始まり、福の神が次第に小さくなりながら順に中に入っている。人形は可愛《かわい》いし、十二個でなく七個ですむ。この入れ子人形も人気になった。

やがて箱根・塔ノ沢に、ロシア正教の避暑保養所ができた。ここから二つの説がある。一八九〇年代（明治二十年代後半）、保養所に出入りする正教会の修道士、あるいは箱根観光に来たロシアの鉄道王であり大富豪のマモントフ夫妻……のどちらかが、この七福神人形を気に入り、ロシアに持ち帰った。

いずれにせよそれは、モスクワ郊外にあるマモントフのサロンに持ち込まれた。マモントフは「モスクワのメディチ」と呼ばれるほど、芸術家の大パトロンだった。絵画、音楽、演劇はもちろん、家具や工芸品まで、あらゆるジャンルの芸術・工芸を庇護《ひご》した。そんな場所に「七福神の入れ子人形」が持ち込まれたのだ。芸術家や職人たちを刺激しないわけがない。

やがてできあがったのがマトリョーシカだ。ロシアの画家セルゲイ・マリューチンがあのユニークな絵を描いた。女の子の名前マトリョーナから名付けられたという。そして一九〇〇年（明治三十三）のパリ万博で大評判になるわけだ。「子宝」とか「家族の幸福」という意味付けは、当然このあとにできたことになる。ロシアの人も「これは我が国に昔からある伝統工芸だ」と思っているのだろうか？

現在マトリョーシカはロシアのお土産として、世界的に人気だ。昔も今も、国を問わず、旅行者用の土産は、持ち帰る時にかさばらず、帰ってから大きく広げられるものがいいのだ。日本人もよく買って帰る。その行為は、日本↓ロシア↓日本という、入れ子細工になっている。

「アロハシャツ」

もともと、ハワイの人たちはアロハシャツを着ていない。そもそもシャツなんてものがないのだ。カバという布地を腰に巻いた半裸の状態。暑い場所なんだから、当然だ。

十九世紀になると、西洋からやって来た宣教師たちが服を着ることを教えた。カメハメハ大王の頃。ハワイ王国だ。ここから、のちにムームーが生まれる。

やがてサトウキビ産業が起こる。すると各国から続々と労働者がやってきた。この時アメリカ人たちが着ていたのが「1000マイル・シャツ」というもの。これは、大陸を陸路で延々西海岸までやってきて、「1000マイル着ていても破れない丈夫なシャツ」と呼んだ。ズボンの上に出して、ダブッと着た。

それがハワイ風にアレンジされたシャツを「パラカ」と呼ぶようになった。チェック柄やデニム地のパラカはハワイの標準作業着となったのだ。当時ハワイに集められた、ポルトガル人、ノルウェー人、中国人、フィリピン人……などの労働者がこれを着た。

そして、日本人のハワイ移民が始まる。正式には、明治十八年（一八八五）からだ。日本とハワイ王国との政府間条約（官約移民）による移民は、ここから十年間で約二万九千人にのぼる。明治二十七年（一八九四）からは、民間の会社による私約移民になる。官にせよ民にせよ、甘い言葉に乗せられて行ってみればひどい扱いで、初期の移民の方々が大変な苦労をしたことは、よく知られている。

やがて一八九八年（明治三十一）、ハワイはアメリカに併合される。そして一九二四年（大正十三）、排日移民法が成立して移民ができなくなるまで、総計で二十二万人程度が日本からハワイに渡った。

彼らの多くは、サトウキビ畑で働いた。当時の作業着は「パラカ」だ。そこで、日系移民たちは日本から持っていった着物を再利用してパラカを作ったという説と、日本の着物生地を見た現地の人が「そのきれいな布でシャツを作ってくれ」と頼んだという説、さらに、売れ残った日本の着物生地で中国人商人がシャツを作ったという説とがある。いずれにせよ、日本の着物生地・浴衣《ゆかた》生地がハワイの地でシャツになったわけだ。

明治十八年の一番最初の移民の時、総勢九百四十人の中に宮本長太郎という人がいた。彼は東京出身のシャツ職人だった。明治三十七年（一九〇四）、ホノルルにオーダーメイドでシャツを仕立てる店を出した。名前が「ムサシヤ」。アロハシャツの歴史を語る時、必ず登場する人物だ。

大正四年（一九一五）、宮本が他界すると、日本で暮らしていた長男・孝一郎氏がハワイに戻って店を継ぎ、「ムサシヤ・ショーテン（武蔵屋呉服店）」と改めた。一九三〇年代にはすでに、派手な和柄のシャツは「アロハシャツ」と呼ばれていたようだが、「この店で一九三三年から三四年頃に注文を受けたのが、最初のアロハシャツ」と孝一郎の妻ドロレス・ミヤモトは主張している。

しかしこの店は他の人に買い取られ、「ムサシヤ・ショーテン・リミテッド」とまた名前を変える。一九三五年（昭和十）、現地の新聞に、

《アロハシャツ　綺麗《きれい》な仕立て、美しいデザイン、晴れやかな色。既製品と注文品……95セントより》

と出した広告が「アロハシャツ」という言葉が文字で残るもっとも古いものとされている。

すでに一九二七年（昭和二）、豪華客船のマトソンラインがサンフランシスコ―ホノルルの航路を就航させていた。さらに一九三五年、航空会社パンナムが水上飛行機を使って、サンフランシスコからハワイを通り、グアム、そしてマニラに向かう太平洋横断路線を就航させた。これでアメリカ本土からハワイへの観光客が増え、ハワイはブームになる。

すると、抜け目のないエラリー・J・チャンという中国系の洋品店が一九三七年（昭和十二）にちゃっかり「アロハシャツ」の商標登録を申請し、二十年間の独占利用

を認められる……という事態になってしまう。それほど、すでにアロハシャツは人気になっていたというわけだ（そのせいで、しばらくはハワイアンシャツという呼び名になった）。

最初は日本の着物柄だったが、次第にポリネシア風のデザインが増え、それがエキゾチックな魅力となった。そして一九四〇年代、アメリカ本土でアロハシャツは大人気になった。日本でも、戦後から一九五〇年代にかけて大人気となる。

なんと一九五〇年頃のハワイの産業は、サトウキビ、パイナップル、アロハシャツが三本柱になったほどだ。

今では、あの「ムサシヤ・ショーテン」のアロハは、「ヴィンテージ・アロハ」として、人気だ。それはもちろん、南国、楽園、ハワイ……というイメージの伝統的ファッションという認識だ。が、実はそのルーツに日本の伝統がある。「ヴィンテージ（古くて価値がある）」の部分には、日本の歴史も入っているのかもしれない。

外国から入って来たのに日本の伝統のように思えるものがある。元は日本なのに外国の伝統のようになってしまったものもある。これは同じ現象の裏表だ。

国の間を行き来することで、モノや習慣の由来は曖昧《あいまい》になる。ところが、曖昧になって歴史が浅くなるのではなく、逆に実際以上に古めかしく見えるところが、面白い。
「伝統」は、軽々と国境を越える。その時に歴史が一段（一国分）プラスされ、より伝統感が増すようだ。

箱根で入れ子細工「十二卵」が人気になって、約四百年。
箱根で入れ子細工「七福神人形」が人気になって、約百五十年。
箱根に来たロシア人が「七福神人形」を見つけて、約百二十五年。
パリ万博で入れ子細工「マトリョーシカ」が人気になって、約百二十年。

ハワイでパラカが着られて、約百九十年。
日本人のハワイ移民が始まって、約百三十五年。
日本の着物生地を使ったアロハシャツができて、約八十五年。
アメリカ本土でアロハシャツが人気になって、約八十年。
日本でアロハシャツが人気になって、約七十年。

医食同源と薬膳《やくぜん》

「医食同源」

この言葉は予想に反して新しい。しかもびっくりするほどハッキリと、それが生まれた時と作った人物までわかっている。昭和四十七年（一九七二）、NHK「きょうの料理」テキスト九月号で、臨床医・新居裕久が作った造語。それ以前にはない。

この新居さん、医者でありながら中華料理の陳建民に師事していたから、料理・医学両方の知識があった（のちに新宿クッキングアカデミーの校長になる）。新居氏の名誉のために言うと、まるっきりデタラメで作った言葉ではない。

中国最古の本草書《ほんぞうしょ》に『神農本草経』がある。原本は存在しないが、西暦で言うと紀元前後に書かれたという。五世紀に注釈書がある。これには「薬食一如」「薬食同源」という思想と言葉があった。意味は、病気を治療するのも食事をするのも、共に人の命を養い健康を維持するためのもので、その源は同じ――ということ。

それを紹介するにあたって、

「『薬』という言葉だと、化学薬品だと誤解されるかもしれない」と考えた。ちょうどアメリカで化学調味料バッシングがおこっていた時期だったので、それへの配慮もあったのだろう。そこで「医食同源」という言葉に変えた。だから、意味は同じだ。

これがすんなり受け入れられた。だって、日本人はみんな元の「薬食同源」という言葉を知らない。だから、その思想と共に新しい言葉として「医食同源」を知ったのだから。

こうして「医食同源」は、中国伝統の言葉としてあっという間に認知され、一九九〇年代から新聞や辞書にも載るようになった。その後の健康ブームもあってすっかり日本に定着した。やがて中国に逆輸入され、日本人相手のレストランでも使われる。

だが「医食同源」は、日本で作られた中国の伝統ということになる。

「薬膳」

十年遅れて生まれたのがこの言葉だ。こっちの方も、それが生まれた時と作った人物までわかっている。北京中医薬大学の翁維健が『薬膳食譜集錦』（一九八二）という本（レシピ集）で初めて使った言葉だという。

思想としては「薬食同源」と同じだ。そしてやはり同じように、まるっきりデタラメで作った言葉ではない。

中国の歴史書『後漢書』（五世紀）は、その中の「東夷伝」というパートに当時の倭国《わこく》に金印を与えたと書かれていることで、日本人でも名前を聞いたことがある。この書物には「列女伝」というパートもあり、そこに「親調薬膳」という言葉があったのだ。じゃあ古くからある言葉ではないか？　……と思うだろうが、実は違う。これは「親が薬を煎《せん》じて膳（食事）を作った」という文章の一部。「薬膳」という一つの言葉があるわけではなく、文脈の中でたまたま並んでいるだけだった。だからやはり、「薬膳」という言葉そのものは、とても新しい。

これまた、その後の健康ブームもあってすっかり日本に定着した。

「医食同源」も「薬膳」も言葉としては新しい。だが、その背景には、中国の陰陽五行説による「五味（酸・苦・甘・辛・鹹《かん》）」「五性（寒・熱・温・涼・平）」など、食と健康に関する膨大な思想の蓄積がある。「初詣《はつもうで》」の恵方や「元号」「皇紀」の項で見たように、日本人はこういうのにとても弱いのだ。

やはり伝統は、国境を越えることでより伝統感が増す。

「薬食同源」から、約二千年。
意味は同じ「医食同源」から、約五十年。
「親調薬膳」から、約千五百年。
意味が違う「薬膳」から、約四十年。

目から鱗《うろこ》が落ちる「ことわざ」

ことわざは、日本でできたものの他に、中国由来のものが多くあることは推測できる。だいたい漢字そのものが中国から渡ってきたものだ。故事・ことわざ・成句も一緒に入ってきて当然。年月が経《た》てば、それが日本人の考え方の血肉となる。

しかし中国以外の、いわゆる西洋から入ってきて、いかにも日本の（あるいは中国由来の）昔からあることわざのようになっているものもある。

話題になったドラマ「逃げるは恥だが役に立つ」はハンガリーのことわざだが、なんとなく日本語としては言葉がこなれていないので、外国由来である想像はつく。まさかハンガリーとはわからないが。おそらく外国から入ってきたことわざは、当初はこんな感覚だったのだろう。

「艱難辛苦汝を玉とす」《かんなんしんくなんじ》

漢文の読み下しのようで、いかにも中国由来めいている。しかし、「汝」が西洋っぽい。英語の「Adversity makes a man wise」、または同じ意味のフランス語のことわざからの翻訳だと推定されている。意味は「逆境は人をかしこくする」。「玉」はどこにもない。が、この玉のおかげで、ぐっと中国や日本っぽくなった。

『小学読本』（明治七年・一八七四）――「されば艱難汝を玉にすとも又人の徳慧術智《とくけいじゅつち》あるもの恒《つね》に疢疾《ちんしつ》に存すともいへり」

『当世商人気質』（明治十九年・一八八六）――「嗚呼《ああ》昨日までは懐《ふところ》育ちのお坊様、今日は老練の市商人、艱難は人を玉にすると承はりしは誠に此《こ》のこと」

決定的になったのは、修身の国定教科書で二宮金次郎や渡辺崋山の少年期のエピソードと共に教えられたことだという。

『尋常小学修身書・第三学年』（国定第一期）（明治三十七年・一九〇四）――「カンナンハ、人ヲタマニス」

『尋常小学修身書・第三学年』（国定第二期）（明治四十三年・一九一〇）――「カンナン、ナンヂヲタマニス」

国定教科書には一期から四期まで登場した。たしかに、日本人好みの教育的教えではある。「日本という国」を造っていく時代背景にも合っていた。定着が早かったのはうなずける。

「二兎《と》を追う者は一兎をも得ず」

童謡の「まちぼうけ」の元になった中国の故事を連想する。そこから出た「株を守りて兎《うさぎ》を待つ」ということわざがあるようだが、恥ずかしながら、聞いたことも使ったこともない（いま、人生で初めて使った）。

これもまた中国っぽいことわざだが、元はヨーロッパで広く使われることわざ。幕末にオランダ語、英語、フランス語などから並行的に入ってきたと推測されている。

『西洋諺草《ことわざぐさ》』（明治十年・一八七七）――「二兎を追ふものは一兎をも得す」

『修身児訓』（明治十三年・一八八〇）――「西諺《せいげん》に曰《いは》く二兎を逐ふ者は一兎を得ず」

漢文調の訳文が西洋っぽさを消し、早い段階で日本風になっている。一八八〇年代には小学校の修身教科書（国定以前）にも登場し、わりと短期間に浸透したという。

大正期以降は西洋由来と意識されず日常的に使われ、古くからあった「虻蜂《あぶはち》取らず」に取って代わっていったようだ。たしかに、兎は食用として理解できるが、虻も蜂も別に取りたくはない。こっちの方が意味不明だ。

「目から鱗が落ちる」

鱗なんて魚に関係する言葉が出てくるから、これは日本のことわざだろうと思っていたが、違っていた。なんと出典は「新約聖書」！

『引照新約全書』（明治十三年・一八八〇）使徒行伝第九章――「彼の眼より鱗の如《ごとき》ものの脱《おち》て再び見ことを得、すなはち起てバプテスマを受」

ある時、キリスト教を迫害する側にいたサウロの目が見えなくなる。キリスト教徒のアナニヤが、神のお告げによってサウロのために祈ると、サウロの目から「鱗のようなものが落ち」て、再び目が見えるようになったという。そしてサウロはパウロと改名する。パウロ回心の場で出てくる言葉。

日本でも「開眼」という表現があるから、すぐに馴《な》染《じ》んだのだろうか。

「豚に真珠」

「猫に小判」「豚に真珠」「馬の耳に念仏」は、ことわざジャンルでほぼ同じ引き出しに入っている。だが「豚に真珠」だけ出自が違った。これも聖書なのだ。

『摩太福音書』（明治四年・一八七一）新約聖書・マタイ伝第七章――「あなたのしんじゅをぶたのまへになげなさるな」

『引照新約全書』（明治十三年・一八八〇）馬太伝福音書第七章――「豕《ぶた》の前に爾曹《なんじら》の

真珠を投与る勿《なか》れ」

この時点では言葉がまだこなれていないし、長い。やがて、先行する「猫に小判」に影響されて動詞がなくなり、ことわざ化していく。

『園遊会』国木田独歩（明治三十五年・一九〇二）――「君等に美術の話を為《し》たって無益だ。豚に真珠を投ずる如しだ」

『俚諺《りげん》辞典』補遺（明治三十九年・一九〇六）――「豚に真珠。愚者に道を説くも聞かざるをいふ」

現在では「猫に小判」とほぼ同じ感覚で使われる。生まれた国が違うので、ほぼ同じ表現のことわざが並立してしまった。入れ替えて、「豚に小判」でも「猫に真珠」でも成立してしまう。

「溺《おぼ》れる者は藁をもつかむ」

英語の「A drowning man will catch at a straw」が元（フランス語などにも似た表現がある）。「なぜ、藁を?」と今でも少し思うから、外国臭は残っている。

『西洋諺草』（明治十年・一八七七）――「水に溺れんとするときは蘆《あし》の葉にもすからんとす」

が早い。藁ではなく葦だ。葦なら川原に生えている。川に流されて溺れそうなら、そりゃ摑《つか》むだろう。そうか、藁は田んぼだから「なぜ、藁を？」と思ったのか。しかし、日本風にアレンジをしてみたものの、これは広まらなかった。

やがて明治三十年代、新聞小説にどんどん登場する。

『黒潮』徳冨蘆花（明治三十五年・一九〇二）――「今から直《す》ぐ沼津へ連れて行って呉《く》れと、思ひ入って頼むだ―溺るる者は藁でもつかむのである」

『女夫波』田口掬汀（明治三十七年・一九〇四）――「知って而《しこう》して執事の地位を与へたものとすれば、之《これ》も頼りなさの苦しみから一時の杖としたものに相違ない、実《げ》に溺るる者は藁をも攫《つか》むとやら」

このあたりで完全に定着したようだ。

戦後、「溺るる者」が「溺れる者」になると、もっと一般的になる。いやむしろ、文語→口語という変換で、「昔からの日本語」感が強くなったのではないか。

「大山鳴動して鼠《ねずみ》一匹」

時に助詞を略して「大山鳴動鼠一匹」とも言う。漢文調だから、元は中国かな？と思う。「大山」は「泰山」と書く場合もあるから、より中国っぽい。しかし、元はイソップ寓話《ぐうわ》（なんと、古代ギリシャ！）。そこからラテン語を介して西洋にひろがっているることわざだ。

イソップ寓話は、日本には戦国時代末期（十六世紀）に伝わっている。江戸時代初期には『伊曾保物語』として出版もされている。その頃から使われ始めたことわざかもしれないが、確認できない。

「読売新聞」（明治三十七年・一九〇四）——「我輩を以《もっ》て之を見れば大山鳴動して鼷《けい》鼠《そ》出《い》づの感なき能《あた》はず候」

『日本俚諺大全』（明治四十一年・一九〇八）——「大山鳴動して鼠一匹出づ」

『八軒長屋』村上浪六（明治四十年・一九〇七）——「山岳震動して鼠一疋《ぴき》、はははは不動産と仰《おっ》しゃるから、驚きましたよ」

だいたいこのあたりで、定着してくるようだ。ただし西洋では、「大口を叩《たた》いておいて実行できない《個人》をからかう」ことわざ。日本では「大騒ぎしたもののたいした結果がなかった《社会的事件・騒動》をからかう」ことわざに変化している。変化したから、広まったのか？

「火のないところに煙は立たない」

英語の「No smoke without fire」が元。幕末に入ってきたと言われる。が、文献として確認できるのは以下が最初の頃。

『和漢泰西金言集』（明治二十二年・一八八九）――「煙の有る所に火あり」
『和漢泰西ことわざ草』（明治二十五年・一八九二）――「火無き所に煙は起らず」
『新選俚諺集』（明治三十四年・一九〇一）――「烟《けむり》の立つ所には火在り」

まだ「火」と「煙」の順番が定まっていない。肯定（ある）でいくのか、否定（ない）でいくのかも揺れている。

『破戒』島崎藤村（明治三十九年・一九〇六）――「万更火の気の無いところに煙の揚る筈《はず》も無からうぢゃないか」
『日本俚諺大全』（明治四十一年・一九〇八）――「火の無い所に煙《ケム》は立たぬ」

のあたりで、ようやく表現が定着してきたようだ。昭和初期には、ほぼ現在の形で定着したという。ちなみに、「火を見るより明らか」という表現は似ているが、こっちは中国由来。『書経』から来ている。

「一石二鳥」

ことわざというより四字熟語だ。どう見ても中国の『春秋』とか『韓非子』とかに出典がありそうだが、元は英語の「To kill two birds with one stone」。十七世紀からあることわざ。意味は、そのままだ。

『英和対訳袖珍《しゅうちん》辞書』（文久二年・一八六二）――「石一つにて鳥二羽を殺す 一事両用の意歟」

と幕末の辞書にある。まだ「一事両用の意味か？」とあるのが、微笑《ほほえ》ましい。

『双解英和大辞典』（明治二十七年・一八九四）――「一石を以て二鳥を殺す」

このへんで、ことわざっぽくなってくる。

『一石二鳥的の効果』堺利彦（大正八年・一九一九）――「一面には頗《すこぶ》る大胆な急進論として世間に歓迎され、一面には存外安全な穏和論として或《あ》る筋の御気に入るといふ、誠に巧な、老獪《ろうくわい》な、一石二鳥的の効果を奏してゐる」

と大正時代に四字熟語化して、定着した。元々ある似たようなことわざ「一挙両得」（出典は中国の『晋書』）よりも、広く使われるようになった。

ことわざは、人生の機微や世の中のなりたちをパッとわかりやすい表現で表すものだ。どこの国でも、同じようなものが生まれることは理解できる。

明治初年、日本は西欧から多くの技術と、その根幹にある知識や考え方を貪欲《どんよく》に吸収した。その過程で、腑《ふ》に落ちる表現や新鮮な考えのことわざに出会うと、日本語化して取り入れていったのだろう。まさに、和魂洋才。

当初はゴツゴツとした翻訳語が、語順を変え、言葉を短くし、しだいに日本由来っぽいことわざになっていく過程も面白い。そうやってある程度の年数がたてば、すっかり「日本人は昔からずっとそう考えてきた」と思うようになる。人生観や価値観もまた、輸入したのだ。こうして外来のものを日本化していく手法こそが「日本の伝統」だとも言える。

「逃げるは恥だが役に立つ」も、あと百年もすれば、昔から日本に伝わることわざの顔をしているかもしれない。

外国語として入ってきた時期ではなく、ことわざとして定着しはじめた時期から計算してみた。

「艱難辛苦汝を玉とす」から、約百四十年。
「二兎を追う者は一兎をも得ず」から、約百四十年。
「目から鱗が落ちる」から、約百四十年。
「豚に真珠」から、約百二十年。

「溺れる者は藁をもつかむ」から、約百二十年。

「大山鳴動して鼠一匹」から、約百二十年。

「火のないところに煙は立たない」から、約百十年。

「一石二鳥」から、約百年。

＊＊＊

「伝統」とはあくまで国内でのこと。一見、外国とは関係ないように思える。だが、外国の存在に触発されて国内を見つめ直し、今まで気づかなかった「伝統」を発見することもあるのだ。意味付けを変え、あらたに発明することもある。

外国→日本というコースでできあがる伝統もある。逆に、日本→外国というコースでできあがる伝統もある。

こういったことは日本だけではなく、どこの国でも発生する。有名なのは、イギリス・スコットランドのタータンチェックや、インドネシア・バリ島のケチャなど。

ことわっておくが、それらが悪いと言っているのではない。伝統を、一つの民族や国の中だけで考えていると見誤る、というだけだ。

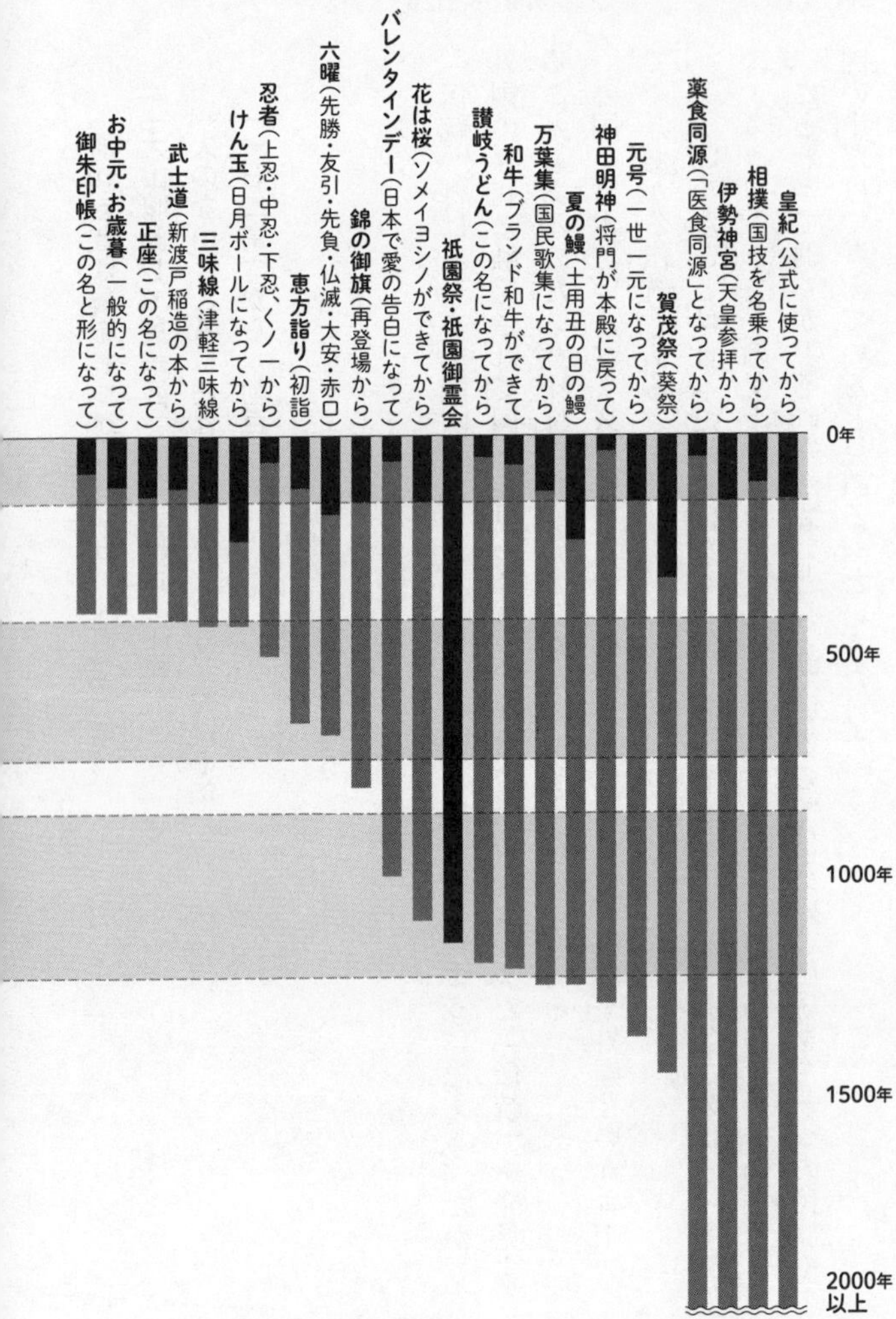
皇紀(公式に使ってから)
相撲(国技を名乗ってから)
伊勢神宮(天皇参拝から)
薬食同源(「医食同源」となってから)
賀茂祭(葵祭)
元号(一世一元になってから)
神田明神(将門が本殿に戻って)
夏の鰻(土用丑の日の鰻)
万葉集(国民歌集になってから)
和牛(ブランド和牛ができて)
讃岐うどん(この名になってから)
祇園祭・祇園御霊会
花は桜(ソメイヨシノができてから)
バレンタインデー(日本で愛の告白になって)
錦の御旗(再登場から)
六曜(先勝・友引・先負・仏滅・大安・赤口)
恵方詣り(初詣)
忍者(上忍・中忍・下忍、くノ一から)
けん玉(日月ボールになってから)
三味線(津軽三味線)
武士道(新渡戸稲造の本から)
正座(この名になって)
お中元・お歳暮(一般的になって)
御朱印帳(この名と形になって)
0年
500年
1000年
1500年
2000年以上

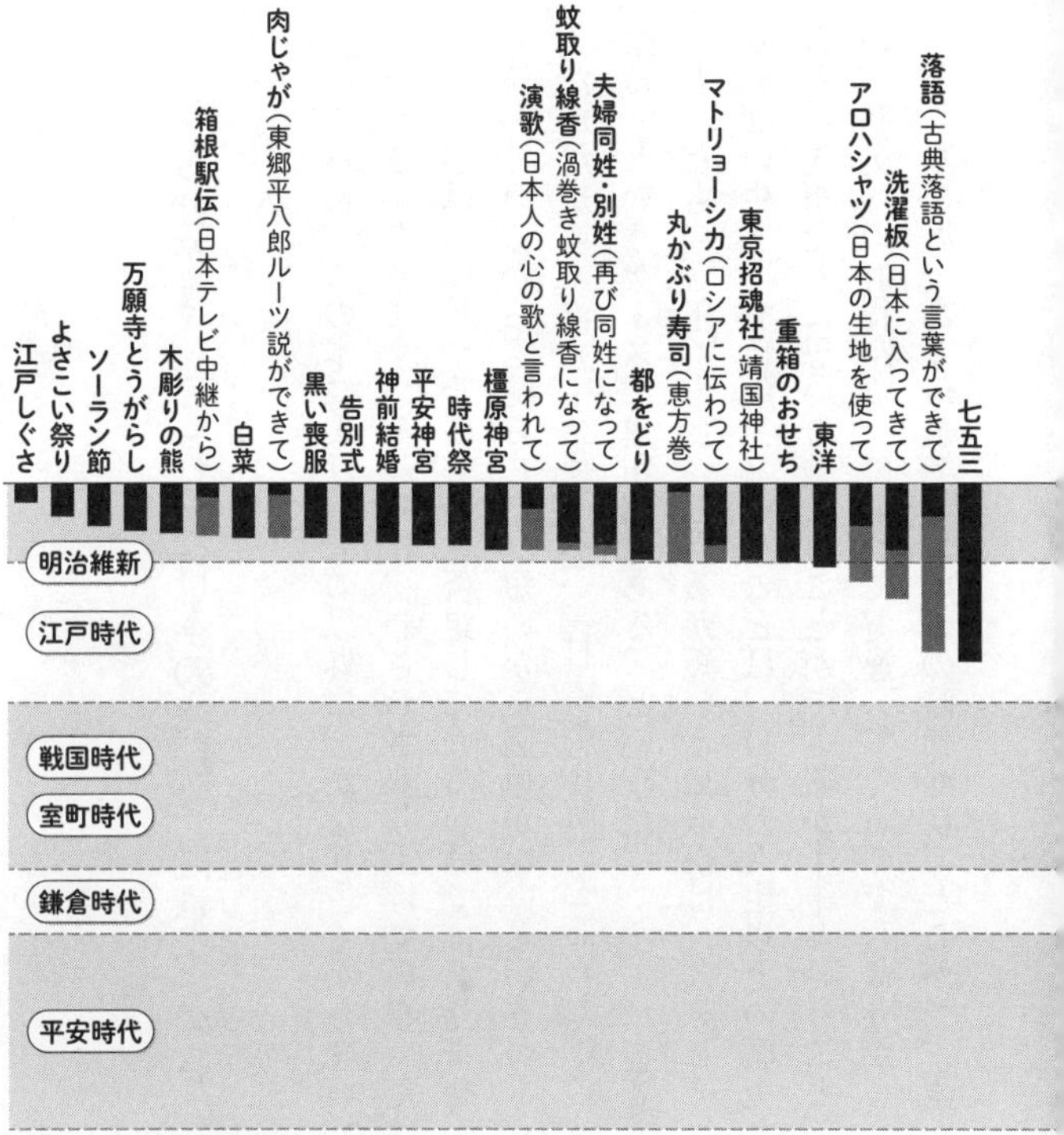

一目でわかる「伝統の長さ」棒グラフ

本書で取り上げた「伝統」から、主要なものを掲載。
グラフ中の黒い部分は、その「伝統」がカッコ内の、
「今ある形」になってからの期間を表す。

作成：アトリエ・プラン

あとがき　「これが日本の伝統」に乗っかるのは、楽チンだ

もちろん、この本にあげたもの以外に、かなり古くから続いている「日本の伝統」もたくさんあります。それらは、わざわざ取り上げていないだけです。

この本は「伝統」そのものを否定しているわけではありません。さらに言えば、長く続いているから素晴らしく、短いから価値がないというつもりもありません。ただ、「たかだか百〜百五十年程度で、『日本の伝統』を誇らしげに（ときに権威的に）名乗る」というケースに違和感がある、というだけです。

もっとも「百年」を長いと見るか短いと見るかは、人それぞれでしょう。人間は、せいぜい生きても百歳。ということは、自分の人生以上の歴史と、その時代を生きてきたご先祖たちに思いを馳《は》せることができるか——ということ。いわば、人それぞれの「歴史への射程距離」によって、違ってくるのでしょうから。

どんなに歴史ある伝統でも、いつの時代かに、どこかで、誰かが創《つく》ったものです。

比較的新しい伝統ではそれが見えやすい、というだけのこと。

すべての「伝統」は、始まった時には伝統ではありません。なんらかの必要性や意義があって続けてきたので、のちに「伝統」になった。だが、年月を経るうちにその意義や必要性が変化し、あるいは消滅し、それとも忘れられ、いつの間にかただ「続けることそのもの」が存在理由になっている「伝統」もあります。

続けるため、時々の風潮に合わせ、けっこう柔軟に（あるいは無節操に）変化している伝統もあります。しかし人は、自分がいま見ている「伝統」が開始当時から不変のまま続いてきた——と思いがちです。

また、「伝統」という看板を掲げてはいるけれど、その実態は「権益、権威の維持と保護」にすぎないケースもあります——ミもフタもない言い方ではありますが。

「伝統があって、人間がある」のではなく、「人間があって、伝統がある」。人は伝統の下僕ではありません。ですから、「伝統だから大切にしよう」はいいのですが、「伝統だから従わなければならない」というのは、おかしな話。しかもその伝統が、実はごく近い過去に創られていたとしたら……。

しょせんは過去の自分たちが創った「伝統」に縛られて、のちの世の人間が身動きできなくなってしまうとしたら、こんなに滑稽《こっけい》なことはありません。

長く続けてきた「伝統」に何か不都合が生じた場合、「なぜこうしているのか？」とその理由を考えます。考えて、原因がわかれば改善すればいいし、止《や》めたっていいのです。ところが、「なぜこうしているのか？」への答えが「伝統だから」では、なんだか同じ所をぐるぐる回っているようで、改善の糸口がありません。「伝統」という言葉には、どうやらそういう魔力がある。しかも「伝統を維持する側」だけでなく、「伝統に従う側」もまた、ついその魔力にすがってしまう。

一般に、人は自分の頭で考えることをやめると、世間とかかわる時、まるで素っ裸で往来に出るようで心細い。そんな時、「権威」「ブランド」「伝統」に頼ります。そういったものにすがれば、いちおう安心できますから。

だから「これが日本の伝統です」と声高に宣言しているものに乗っかるのは、楽チンなのです。けれど、少しだけ「本当にそうなのか？」と、自分の頭で考えてみるだけで、見えてくる風景はずいぶん変わってきます。

疑問を持ち、自分の頭で考えてみる。それは少しメンドクサイけど、少し楽しい。

なお、源流は古くても、多くの人々が受け入れてから「日本の伝統」となるわけで、その時期はハッキリしません。この本では、信頼できる説を元に「約××年」と判断しました。もし大きく違っている事実があれば、ご教示ください。

藤井青銅

主な参考文献

『創られた伝統』エリック・ホブズボウム、テレンス・レンジャー編　前川啓治、梶原景昭ほか訳（紀伊國屋書店）
『大相撲の事典』高橋義孝監修（三省堂）
『「武士道」を読む』太田愛人（平凡社）
『ジャパンクールと江戸文化』奥野卓司（岩波書店）
『日本人のしつけは衰退したか』広田照幸（講談社）
『鉄道が変えた社寺参詣』平山昇（交通新聞社）
『日本人のしきたり』飯倉晴武（青春出版社）
『「縁」を結ぶ日本の寺社参り』渡辺憲司監修（青春出版社）
『神々の明治維新』安丸良夫（岩波書店）
『江戸しぐさの正体』原田実（星海社）
『創られた「日本の心」神話』輪島裕介（光文社）
『桜が創った「日本」』佐藤俊樹（岩波書店）
『昭和芸能史　傑物列伝』鴨下信一（文藝春秋）
『昭和の藝人　千夜一夜』矢野誠一（文藝春秋）
『「伝統・文化」のタネあかし』千本秀樹、長谷川孝、林公一、田中恵（アドバンテージサーバー）

『冠婚葬祭』宮田登（岩波書店）
『増補　良妻賢母主義の教育』深谷昌志（黎明書房）
『行人』夏目漱石（新潮社）
『唐獅子源氏物語』小林信彦（新潮社）
『考証要集　秘伝！　NHK時代考証資料』大森洋平（文藝春秋）
『考証要集2　蔵出し　NHK時代考証資料』大森洋平（文藝春秋）
『日本王権神話と中国南方神話』諏訪春雄（角川書店）
『建国神話の社会史　虚偽と史実の境界』古川隆久（中央公論新社）
『「日本人の神」入門　神道の歴史を読み解く』島田裕巳（講談社）
『万葉集の発明』品田悦一（新曜社）
『正座と日本人』丁宗鐵（講談社）
『悩ましい国語辞典』神永曉（時事通信社）
『皇国史観』片山杜秀（文藝春秋）
『日本史のツボ』本郷和人（文藝春秋）
『誰も調べなかった日本文化史』パオロ・マッツァリーノ（筑摩書房）
『ナショナリズム　その神話と論理』橋川文三（筑摩書房）
『唐物の文化史――舶来品からみた日本』河添房江（岩波書店）
『東洋一の本』藤井青銅（小学館）
※その他、参考にさせていただいた多くの学術論文、新聞・雑誌記事は省略いたしました。

この作品は平成二十九年十二月柏書房より刊行された。
文庫化にあたり、大幅な加筆・修正を行った。

「日本《にほん》の伝統《でんとう》」の正体《しょうたい》

新潮文庫　ふ-59-1

令和三年一月一日発行
令和三年三月二十日三刷

著者　藤《ふじ》井《い》青《せい》銅《どう》

発行者　佐藤隆信
発行所　株式会社 新潮社
郵便番号　一六二―八七一一
東京都新宿区矢来町七一
電話　編集部(〇三)三二六六―五四四〇
読者係(〇三)三二六六―五一一一
https://www.shinchosha.co.jp

価格はカバーに表示してあります。

乱丁・落丁本は、ご面倒ですが小社読者係宛ご送付ください。送料小社負担にてお取替えいたします。

印刷・三晃印刷株式会社　製本・株式会社植木製本所

ISBN978-4-10-102481-3 C0195